GRAMMAIRE

POLYGLOTTE.

OUVRAGES DE M. BLONDIN,

En vente chez le même Libraire.

GRAMMAIRE FRANÇAISE DÉMONSTRATIVE, par J. N. Blondin, secrétaire-interprète à la Bibliothèque du Roi ; 8e édition, entièrement refondue, dans laquelle on présente, en tableaux, la conjugaison affirmative et interrogative des verbes réguliers et irréguliers ; où, par de nouvelles considérations sur l'emploi des lettres euphoniques, on régularise une multitude de verbes regardés jusqu'à présent comme irréguliers ; où, par deux seules règles, on donne la solution de la variabilité et de l'invariabilité des participes passés ; où sont traitées enfin les questions les plus importantes de la langue française ; un vol. in-8° broché. 2 fr.

GRAMMAIRE LATINE DÉMONSTRATIVE, *comparée par analogie avec le français*, dédiée au Roi, par J. N. Blondin, secrétaire-interprète à la Bibliothèque du Roi ; 1 vol. in-8° broché, deuxième édition. 3 fr.

MANUEL DE LA PURETÉ DU LANGAGE, ou Recueil alphabétique du corrigé des barbarismes, des néologismes, des locutions vicieuses et des expressions impropres employées journellement à la tribune, au théâtre et dans la société ; suivi d'un Traité de prosodie française, et de la traduction des locutions latines et italiennes usitées dans le langage et dans la musique, par J. N. Blondin ; in-8° broché, papier fin. 3 fr. 50 c.

SOUS PRESSE.

DICTIONNAIRE CLASSIQUE DES CAS EXCEPTIONNELS, ou les Difficultés de la langue française réduites à des données simples, claires et concises ; suivi de l'orthographe d'usage d'un grand nombre de mots, qui ont une même consonnance, mais une signification différente, fixées par les cent quinze manières dont les mots forment des cas exceptionnels ; et suivi de l'explication de beaucoup de mots qui ont vieilli, afin de faciliter l'intelligence des auteurs anciens, par J. N. Blondin ; un vol. in-8°.

PARIS. — IMPRIMERIE DE CASIMIR, RUE DE LA VIEILLE-MONNAIE, N° 12.

GRAMMAIRE

POLYGLOTTE,

Française, Latine, Italienne, Espagnole, Portugaise et Anglaise;

Dans laquelle ces diverses Langues sont considérées sous le rapport du mécanisme et de l'analogie propres à chacune d'elles;

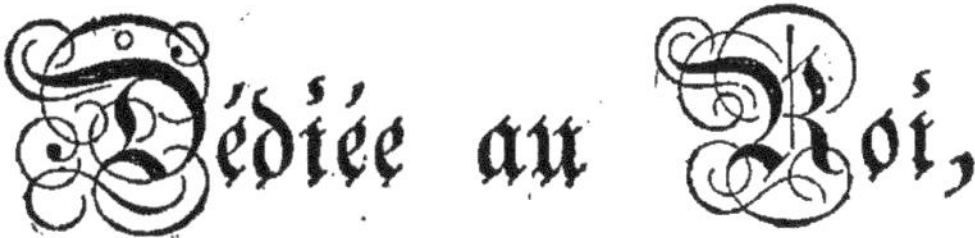

PAR J. N. BLONDIN,

Secrétaire-Interprète à la Bibliothèque du Roi,

AUTEUR DE DIVERSES GRAMMAIRES DÉDIÉES A S. M. LOUIS XVIII; D'UN MANUEL DE LA PURETÉ DU LANGAGE, ADOPTÉ COMME CLASSIQUE DANS LE COLLÉGE ROYAL DE LA MARINE, ETC.

SECONDE  ÉDITION.

A Paris,

CHEZ BRIANCHON, LIBRAIRE,

RUE DE LA HARPE, N° 30.

1826.

AU ROI.

SIRE,

Qu'elle est flatteuse pour moi la nouvelle faveur que VOTRE MAJESTÉ *daigne m'accorder aujourd'hui, en me permettant de publier sous ses auspices ma* Grammaire polyglotte, française, latine, italienne, espagnole, portugaise et anglaise! *Cette production est le fruit de longues et de profondes méditations, et le résultat de diverses conférences que j'ai eues avec des savans versés dans l'étude des langues. Déjà* VOTRE MAJESTÉ *avait daigné accueillir l'hommage d'un de mes ouvrages, intitulé :* A new Grammar to teach french to english men, printed for and under the direction of John Belle. (London.)

Le regard des Princes qui, comme Votre Majesté, *sont les protecteurs des Lettres et de ceux qui les cultivent, est pour ces derniers un puissant motif d'encouragement, et le garant le plus assuré de nouveaux succès; et c'est sans doute aux premières bontés de* Votre Majesté *que je dois l'idée de la composition d'une Grammaire polyglotte.*

Heureux, si cet ouvrage peut remplir les vues d'utilité que je me suis proposées, et s'il peut mériter à son auteur les suffrages d'un Monarque qui, à une vaste érudition, joint la connaissance parfaite de plusieurs langues.

La bienveillance dont Votre Majesté *daigne m'honorer, est la plus douce et la plus flatteuse récompense à laquelle puisse aspirer,*

SIRE,

De Votre Majesté,

Le très-humble et très-obéissant
serviteur et fidèle sujet,

BLONDIN,

Secrétaire-interprète à la Bibliothèque du Roi.

Convaincu avec les Condillac, les Dumarsais et les Rollin, que, dans l'étude des langues, on doit toujours procéder du plus connu au moins connu, et qu'on doit connaître sa langue maternelle avant d'en apprendre une autre, j'ai conçu l'idée d'une *Grammaire polyglotte, française, latine, italienne, espagnole, portugaise et anglaise.*

Je fais servir le français de type aux cinq langues dont je viens de parler.

Avant de revêtir de l'expression étrangère un mot quelconque, j'en donne la définition claire, exacte et concise.

Je présente le tableau synoptique des désinences d'un grand nombre de substantifs, d'adjectifs, d'adverbes latins, italiens, espagnols, etc., considérés sous leurs rapports analogiques avec le français.

Je divise les verbes en temps simples et en temps composés. Par cette division, j'en abrége et j'en simplifie de beaucoup l'étude.

Par les deux seules interrogations *qui? quoi?* je résous les participes passés des six langues précitées.

Je présente le tableau synoptique des prépositions qui régissent différens cas.

J'indique les conjonctions qui régissent les temps de l'indicatif, et celles qui régissent les temps du subjonctif, etc.

Je serai amplement dédommagé des veilles et des recherches que m'a coûté cet ouvrage, si, par des formules claires, simples et faciles, je puis hâter les progrès des personnes studieuses, et si je puis leur épargner le dégoût et l'ennui qu'offre ordinairement l'étude des langues.

GRAMMAIRE

POLYGLOTTE.

La Grammaire est l'art d'enseigner méthodiquement ce que l'usage a introduit dans une langue, soit pour la parler, soit pour l'écrire correctement.

Pour parler et pour écrire correctement, on emploie des mots; les mots sont composés de lettres ou de caractères. La totalité de ces caractères se nomme alphabet; chaque langue a le sien.

L'alphabet français est composé de vingt-quatre lettres: cinq voyelles, *a*, *e*, *i*, *o*, *u* et *y*; dix-neuf consonnes: *b*, *c*, *d*, *f*, *g*, *h*, *j*, *k*, *l*, *m*, *n*, *p*, *q*, *r*, *s*, *t*, *v*, *x*, *z*.

Ces lettres, suivant l'appellation moderne, sont du genre masculin (Académie); avant cette décision, elles étaient la plupart masculines, et quelques-unes féminines.

Les Italiens n'ont que vingt-deux lettres. Ils n'ont pas *k*, *x*, *y*.

L'alphabet espagnol a vingt-huit lettres. Il a *ch*, *ll*, *ñ*, de plus que l'alphabet français.

Les noms des lettres espagnoles sont féminins; ainsi l'on dit: la *b*, la *c*, la *d*, etc.

L'alphabet portugais a vingt-quatre lettres comme en français.

Dans les diphthongues *ãa*, *ãe*, *ão*, *õe*, le trait placé sur l'une des voyelles, tient lieu d'un *m* ou d'un *n*.

Les Anglais ont vingt-cinq lettres et un double *w* de plus qu'en français.

DES ESPÈCES D'*E*.

On distingue quatre espèces d'*e*: l'*e* muet, l'*e* fermé, l'*e* ouvert, l'*e* fortement ouvert.

L'*e* muet rend un son peu sensible : *bonne*, *sage*.

L'*e* fermé se prononce la bouche presque fermée : *régénéré*, *agréé*.

L'*e* ouvert se prononce en ouvrant la bouche : *progrès*, *succès*.

L'*e* fortement ouvert se prononce la bouche bien ouverte : *suprême*.

En latin, en italien, en espagnol et en portugais, l'*e* non accentué a le son de l'*e* fermé français.

ACCENTUATION.

Il y a trois sortes d'accens : l'*accent aigu*, l'*accent grave* et l'*accent circonflexe*.

L'*accent aigu* (´) se place sur les *e* fermés : *précédé*, *accéléré*.

L'*accent grave* (`) se place sur les *e* ouverts, et sur les mots *là* et *où*, quand ils indiquent le lieu : *près*, *allez là*, *où courez-vous?*

L'*accent circonflexe* (^) se place sur la voyelle d'une syllabe dont on a retranché une lettre : *pâle*, *crême*, *gîte*, *dôme*, *flûte*, *sûr* (certain, assuré).

Y a le son de l'*i* simple : *il* y *aura*.

Il a le même son entre deux consonnes dans les mots dérivés du grec : *analyse*, *asyle*, *synthèse*, etc. On écrit aussi avec l'*y* les *yeux*.

Y placé dans un mot entre deux voyelles, a le son de deux *ii*: *payer*, *paysage*; prononcez *païer*, *païsage*.

La lettre *h* est tantôt muette et tantôt aspirée.

Elle est muette dans les mots : *homme*, *honneur*, etc. ; prononcez comme s'il y avait l'*omme*, *l'onneur*.

La lettre *h* est aspirée, c'est-à-dire, qu'elle se prononce du gosier, dans les mots : *harangue*, *Hâvre*, *hardi*, etc.

Il faut écrire et prononcer : la *harangue*, le *Hâvre*, le *hardi*.

Dans le mot *héros*, l'*h* est aspiré ; mais l'*h* ne l'est pas dans les mots *héroïsme*, *héroïne ;* prononcez l'*éroïsme*, l'*éroïne*.

Les Italiens n'emploient la lettre *h* au commencement d'un mot, qu'aux trois premières personnes du singulier, et à la troisième personne du pluriel de l'auxiliaire *avere*, avoir : *io ho*, j'ai ; *tu hai*, tu as ; *egli ha*, il a ; *eglino hanno*, ils ont.

DES SYLLABES.

Une syllabe est un son formé d'une seule ou de plusieurs lettres.

A-ma-bi-li-té est composé de cinq syllabes.

On appelle *monosyllabe* un mot qui n'est composé que d'une syllabe : *fort*, *grand*.

Les mots français qui ont pour syllabe initiale *cha*, changent *cha* en *ca* : en latin, en italien, en espagnol et en portugais.

Français.	*Latin.*	*Italien.*	*Espagnol.*	*Portugais.*
Charité,	caritas,	carità,	caridad,	caridade.

En français, lorsque la lettre *l* se trouve après *f*, *b*, *p*, on change en italien *l* en *i* : *fleur*, *fiore ; blanc*, *bianco ; temple*, *tempio*.

Dans la langue italienne, on ne met jamais un *c* ni un *p* avant un *t ;* alors on change le *c* ou le *p* en *t :* *Docteur*, *dottore ; aptitude*, *attitudine ; adoption*, *adottione*.

Ph se change en *f : philosophe*, *filosofo*.

X se change en *s* ou *ss*, quelquefois en *c : Xercès*, *Serse ; Alexandre*, *Alessandro ; excellent*, *eccellente*.

DES DIPHTHONGUES.

Une diphthongue est la réunion de plusieurs voyelles qui ne rendent qu'un son : h*eureux*, impér*ieux*, maté*riaux*.

DE L'APOSTROPHE.

L'apostrophe (') est une virgule qu'on substitue à la place de la voyelle qui termine les articles *le*, *la;* la préposition *de*, les conjonctions *que* et *si*, les pronoms *me*, *te*, *se*, *ce*, quand le mot qui doit suivre, commence par une voyelle ou par un *h* muet :

L'homme, *l'amour*, *d'une* amitié, *qu'il* soit, *s'il* vient, *m'a*-t-il vu? *t'aime*-t-il? il *s'en* va, *c'est* vrai.

DE LA CÉDILLE.

La cédille (ç) est une petite virgule qu'on met sous la lettre *c* avant les voyelles *a*, *o*, *u*, pour lui donner le son de l'*s* : *façade*, *façon*, *reçu*.

DU TRAIT D'UNION.

Le trait d'union (-) est une petite ligne qui sert à unir deux mots :

Celui-ci, des *bouts-rimés*, des *passe-partout*, *ira-t-il?* *donne-t-il?* *envoya-t-on?*

DU TRÉMA.

Le tréma (¨) est formé de deux points qui se placent sur les voyelles *ë*, *ï*, *ü;* ils indiquent qu'il faut prononcer séparément la syllabe qui précède la voyelle affectée du tréma : *Na*ïade, *ba*ïonnette, *fa*ïence, *pa*ïen, *a*ïeul, *na*ïf, *cigu*ë.

DE L'ASTÉRISQUE.

L'astérisque (*) est une marque en forme d'étoile qui indique un renvoi.

DES GUILLEMETS.

Les guillemets (») sont des virgules qu'on met au

commencement et à la fin des phrases, ou des discours qui n'appartiennent pas à l'auteur.

DE LA PARENTHÈSE.

La parenthèse est formée de deux crochets ( ); on s'en sert pour renfermer des paroles dont le sens est distinct et séparé de celui de la période où elles sont insérées.

Je voudrais être (vous le croyez bien) un homme riche, je ferais des heureux.

DES PARTIES DU DISCOURS.

Les langues dont je viens de parler sont composées de neuf sortes de mots :

L'*article*, le *nom*, le *pronom*, le *verbe*, le *participe*, l'*adverbe*, la *préposition*, la *conjonction* et l'*interjection*.

De ces neuf espèces de mots, les cinq premiers sont variables dans leurs désinences ou terminaisons, et les quatre derniers sont invariables.

La langue latine n'est composée que de huit sortes de mots, parce qu'elle n'a pas d'article.

1° L'ARTICLE.

L'article est un mot qui se met avant les noms substantifs, pour les spécifier individuellement; il en annonce en même temps le genre et le nombre. Il est, comme l'adjectif, du même genre que le substantif auquel il appartient, et qu'il précède.

DU GENRE.

Il y a trois genres : le masculin, le féminin et le neutre.

Le masculin : *le* ou *un* tableau. Le féminin : *la* ou *une* table.

On appelle noms neutres, ceux qui ne sont ni du genre masculin, ni du genre féminin.

Le latin et l'espagnol ont seuls le genre neutre.

DU NOMBRE.

Il y a deux nombres : le singulier et le pluriel.

Le singulier : *la* ou *une* femme. Le pluriel : *les* femmes.

DES CAS.

On appelle cas, les différentes terminaisons ou désinences dont sont susceptibles les noms tant au singulier qu'au pluriel.

Quoique la langue française n'ait point de cas, je suis obligé de lui en supposer, puisque je la fais servir de type à d'autres langues.

Il y a six cas : le *nominatif*, le *génitif*, le *datif*, l'*accusatif*, le *vocatif* et l'*ablatif*.

Le nominatif, *le*, *la*, *les*, *un*, *une*, est le sujet de la proposition ; il précède ordinairement le verbe, et répond à la question *qui?* ou *qui est-ce qui?*

Le génitif, *de*, *du*, *de la*, *des*, *d'un*, *d'une*, entre deux substantifs, marque l'appartenance ; il répond à la question *de qui?*

Le datif, *à*, *au*, *à la*, *aux*, *à un*, *à une*, est le terminatif de l'action ; le but où elle se dirige. Il répond aux questions *à qui? à quoi?*

L'accusatif, *le*, *la*, *les*, *un* ou *une*, marque l'objet direct d'une action ; il se met après les verbes actifs, et répond à la question *qu'est-ce que?*

Le vocatif sert à appeler ou à invoquer : *ô* Bossuet ! *ô* grand homme !

L'ablatif, *de*, *du*, *de la*, *des*, *par le*, *par la*, *par les*, *d'un*, *d'une*, *par un*, *par une*, est régi par un verbe ou par une préposition exprimée ou sous-entendue ; il répond aux questions *d'où? de qui? de quoi? par qui? par quoi?*

LETTRE RADICALE OU FIGURATIVE.

On appelle lettre radicale ou figurative, la lettre qui

précède la désinence de l'infinitif, ou de la personne dans un verbe quelconque.

Ainsi la lettre radicale ou figurative de *prévoir* est *v*, parce que *v* précède *oir*, qui est la désinence de l'infinitif.

Hier nous *peignîmes*; la lettre figurative est *n*, parce que *n* précède *îmes*, qui est la désinence de la première personne du pluriel du prétérit défini.

LETTRE EUPHONIQUE.

On appelle lettre euphonique, une lettre qui, avant une voyelle, est ajoutée ou est substituée à une autre, afin de ne pas blesser la délicatesse de l'oreille :

Paiera-t-il? songe-t-elle? nous cousons, nous moulons.

ELLIPSE.

L'ellipse est le retranchement d'un ou de plusieurs mots qui seraient nécessaires pour compléter la construction. On fait usage de cette figure, lorsque, sans nuire au sens de la phrase, on peut retrancher certains mots, et, par ce moyen, exprimer ses idées d'une manière plus brève et plus concise :

Je t'aimais inconstant, qu'eussé-je fait, fidèle (si tu eusses été fidèle)?

Tableau synoptique (*) *des Articles.*

ARTICLE SINGULIER MASCULIN.

	Français.	*Italien.*	*Espagnol.*	*Portugais.*	*Anglais.*
Nom.	le, l',	il, lo, l',	el, lo,	o,	the.
Gén.	du, de l',	del, dello, dell',	del, de lo,	d'o,	of the.
Dat.	au, à l',	al, allo, all',	al, á lo,	a o,	to the.
Acc.	le, l',	il, lo, l',	el, lo, (**)	a o *ou* o, (***)	the.
Voc.	ô,				
Abl.	du, de l', par le.	dal, dallo, dall',	del, por el, de lo, por lo,	d'o, pelo,	from the.

(*) Qui s'offre d'un coup d'œil.

(**) Les Espagnols emploient la préposition *á*, quand le régime du verbe a rapport à une personne, et ils emploient les articles *el*, *la*, etc., quand le régime a rapport à une chose inanimée : j'aime *Pierre*, amo *á* Pedro : j'aime *la* vertu, amo *la* virtud.

(***) Les écrivains modernes portugais n'emploient la préposition *a* à l'accusatif, que lorsqu'elle y est absolument nécessaire pour distinguer le régime du verbe de son nominatif : je connais *son* père, eu conheço *a* seu pai.

PLURIEL.

	Français.	*Italien.*	*Espagnol.*	*Portugais.*	*Anglais.*
Nom.	les,	i, gli,	los,	os,	the.
Gén.	des,	dei *ou* de', degli,	de los,	d'os,	of the.
Dat.	aux,	ai *ou* a', agli,	á los,	a os,	to the.
Acc.	les,	i, gli,	los,	a os *ou* os,	the.
Voc.	ô,				
Abl.	des, par les,	dai *ou* da', dagli,	de los, por los,	d'os, pelos,	from the.

ARTICLE SINGULIER FÉMININ.

Nom.	la l',	la,	la,	a,	the.
Gén.	de la; de l',	della,	de la,	d'a,	of the.
Dat.	à la, à l',	alla,	á la,	á,	to the.
Acc.	la, l',	la,	la,	a,	the.
Voc.	ô,				
Abl.	de la, de l', par la, par l',	dalla,	de la, por la,	d'a, pela,	from the.

PLURIEL.

Nom.	les,	le,	las,	as,	the.
Gén.	des,	delle,	de las,	d'as,	of the.
Dat.	aux,	alle,	á las,	ás,	to the.
Acc.	les,	le,	las,	as,	the.
Voc.	ô,				
Abl.	des, par les,	dalle,	de las, por las,	d'as, pelas,	from the.

Ainsi se déclinent les noms substantifs suivans :

SUBSTANTIFS MASCULINS.

Italien : *il trono*, le trône; pluriel, *i troni*, les trônes. On met *il* avant un substantif masculin commençant par une consonne.

Lo spirito, l'esprit; pluriel, *gli spiriti*, les esprits. On se sert de *lo* avant un substantif masculin, commençant par un *s* suivi d'une consonne.

L'ardore, l'ardeur; pluriel, *gli ardori*, les ardeurs. On place *l'* avant un substantif masculin, commençant par une voyelle.

Espagnol : *el gusto*, le goût; pluriel, *los gustos*, les goûts.

Lo bueno, le bon ou ce qui est bon. Les Espagnols placent *lo* avant l'adjectif pris substantivement.

Portugais : *o primo*, le cousin; pluriel, *os primos*, les cousins.

Anglais : *the book*, le livre ; pluriel, *the books*, les livres. Les articles en anglais sont invariables, c'est-à-dire, ne prennent ni genre, ni nombre.

SUBSTANTIFS FÉMININS.

Italien : *la rosa*, la rose ; pluriel, *le rose*, les roses.

Espagnol : *la carta*, la lettre ; pluriel, *las cartas*, les lettres.

Portugais : *a bogia*, la bougie ; pluriel, *as bogias*, les bougies.

Anglais : *the house*, la maison ; pluriel, *the houses*, les maisons.

2° LE NOM.

Le nom est un mot qui sert à nommer une personne ou une chose.

Il y a deux sortes de noms : le nom substantif et le nom adjectif.

Le nom substantif exprime une substance quelconque : *femme*, *fleur*.

Il se reconnaît, quand on peut y joindre le mot *un* ou *une*.

Le nom adjectif exprime la qualité du substantif : *enfant vertueux*.

Il se reconnaît, quand on peut y joindre les mots *personne* ou *chose*.

Le nom substantif est physique ou métaphysique.

Il est physique, quand il frappe un des cinq sens : l'*ouïe*, la *vue*, le *goût*, l'*odorat* et le *toucher* : *paysage*, *œillet*, etc.

Il est métaphysique, quand il n'existe que dans la pensée : *vérité*, *humanité*.

Il y a trois sortes de substantifs : *communs*, *propres*, *collectifs*.

Communs : conviennent à plusieurs personnes ou à plusieurs choses semblables. Leur lettre initiale ou première lettre, doit être une lettre minuscule, c'est-a-dire, petite, à moins qu'ils ne commencent une phrase ou un alinéa : *héros*, *géant*.

Propres : ne conviennent qu'à une seule personne ou à une seule chose. Leur lettre initiale doit être une lettre majuscule, c'est-à-dire, grande : *Annibal, Adélaïde, Rome.*

Collectifs : quoiqu'au singulier, présentent à l'idée la réunion de plusieurs personnes ou de plusieurs choses : *armée, forêt, peuple, épis*, etc.

Manière d'analyser les substantifs et les adjectifs.

On dira :

1° Si c'est un substantif ou un adjectif, à quel signe on le reconnaît.

2° Si c'est un substantif physique ou métaphysique.

3° Si c'est un substantif commun, propre ou collectif.

4° Quelle est sa lettre initiale ou première lettre?

5° Quel est son genre? masculin ou féminin?

6° Quel est son nombre? singulier ou pluriel?

7° Si le substantif est sujet ou régime, et à quel cas il est.

Quant à l'adjectif, on en indiquera seulement le genre, le nombre et le cas.

Noms substantifs et adjectifs sur lesquels on exercera les élèves.

La femme modeste, la vertu aimable, l'armée nombreuse, Lyon, Laïs, les bagues précieuses, les armées innombrables, les prodigalités ruineuses; la sobriété est nécessaire à l'homme; les œuvres de Corneille et de Racine sont immortelles.

Les substantifs masculins et féminins français, italiens, espagnols et portugais, ont indistinctement pour lettre finale une voyelle ou une consonne; l'article qui les précède en fait distinguer le genre, le nombre, etc.

En anglais, les substantifs n'ont aucun genre, et, comme je l'ai déjà fait observer, l'article est invariable.

Français : *le poëte*; pluriel, *les poëtes*. Italien : *il poeta*; pluriel, *i poeti*. Espagnol : *el poeta*; pluriel, *los poetas*. Portugais : *o poeta*; pluriel, *os poetas*.

Français : *la maison*; pluriel, *les maisons*. Italien : *la casa*; pluriel, *le case*. Espagnol : *la casa*; pluriel, *las casas*. Portugais : *a casa*; pluriel, *as casas*.

Anglais : *the dog*, le chien; pluriel, *the dogs*. *The crown*, la couronne; pluriel, *the crowns*.

NOMS ADJECTIFS.

Les adjectifs s'accordent en genre et en nombre avec le substantif.

Au féminin ils ajoutent un *e* muet à leur lettre finale, et un *s* au pluriel : une personne *chérie*; pluriel, des personnes *chéries*.

Les adjectifs terminés par *al*, *at*, *il*, *it*, *un*, *ut*, ajoutent seulement un *e* muet au féminin; mais ceux qui ne sont pas terminés de cette manière, doublent ordinairement la consonne avec l'*e* muet au féminin.

Une femme *frugale*, *délicate*, *civile*, *petite*, *brune*, *brute*.

Une personne *superficielle*, *coquette*, *folle*, *sotte*, *nulle*.

Sont exceptés de cette règle les adjectifs suivans :

Complète, *concrète*, *discrète*, *inquiète*, *secrète*, *cagote*, *dévote*, *bigote*, *idiote*, *seule*. *Gentille* prend deux *l*, parce que les deux *l* sont mouillés.

Les adjectifs italiens ont ordinairement pour désinence au masculin *o*, pluriel, *i*; au féminin *a*, pluriel, *e*.

Il cortigiano virtuoso, le courtisan vertueux; pluriel, *i cortigiani virtuosi*. *La rosa bianca*, la rose blanche; pluriel, *le rose bianche*.

Les adjectifs espagnols et portugais sont ordinairement terminés au masculin par *o*, pluriel, *os*; au féminin par *a*, pluriel, *as*.

Espagnol : *el amigo sincero*, l'ami sincère; pluriel, *los amigos sinceros*. *La emocion viva*, l'émotion vive; pluriel, *las emociones vivas*.

Portugais : *o vestido negro*, l'habit noir; pluriel, *os vestidos negros*. *A carta escrita*, la lettre écrite; pluriel, *as cartas escritas*.

Les adjectifs anglais sont invariables, et précèdent le nom substantif : des chapeaux ronds, *round hats;* mot à mot, des ronds chapeaux.

SUBSTANTIFS LATINS.

La langue latine n'a point d'article, mais des cas. La diversité qui se trouve dans les mêmes cas, s'appelle déclinaison, et comme un cas peut varier de cinq manières différentes, on compte cinq déclinaisons qu'on distingue par la terminaison du génitif singulier ou pluriel.

Les dictionnaires présentent les noms au nominatif avec la désinence du génitif, et l'indication du genre marqué par *m*, masculin, *f*, féminin, et *n*, neutre, qui a trois cas semblables : le nominatif, l'accusatif et le vocatif.

Désinence des cinq déclinaisons aux génitifs singulier et pluriel.

	Singulier.	*Pluriel.*
1	æ,	ārum.
2	i,	ōrum,
3	is,	um et ĭum.
4	ûs,	ŭum.
5	ei;	ērum.

Du génitif singulier, se forment les cas qui le suivent. Ils en gardent la lettre radicale ou figurative, c'est-à-dire, la lettre qui précède la terminaison.

Tableau synoptique des désinences des cinq déclinaisons.

SINGULIER.

	1	2	2	2	2 neutre	3	4	4	5
Nom.	a,	er *et* ir,	us,	ius,	um,	er(*),	us,	u,	es,
Gén.	æ,	ri,	i,	ii,	i,	ris,	ûs,	u,	ei,
Dat.	æ,	ro,	o,	io,	o,	ri,	ui,	u,	ei,
Acc.	am,	rum,	um,	ium,	um,	rem,	um,	u,	em,
Voc.	a,	er,	e,	i,	um,	er,	us,	u,	es,
Abl.	â,	ro,	o,	io,	o,	re,	u,	u,	ē.

(*) Les substantifs de la troisième déclinaison ont au nominatif diverses terminaisons;

PLURIEL.

	1	2	2	2	2	3	4	4	5
Nom.	æ,	ri,	i,	ii,	a, neutre,	res,	us,	ua,	es,
Gén.	ārum,	rōrum,	ōrum,	iōrum,	ōrum,	rum,	ŭum,	ŭum,	ērum,
Dat.	is,	ris,	is,	iis,	is,	ribus,	ibus,	ibus,	ebus,
Acc.	as,	ros,	os,	ios,	a,	res,	us,	ua,	es,
Voc.	æ,	ri,	i,	ii,	a,	res,	us,	ua,	es,
Abl.	is,	ris,	is,	iis,	is,	ribus,	ibus,	ibus,	ebus.

Ainsi se déclinent les noms suivans :

Première déclinaison,	corona, æ, la *ou* une couronne.
Deuxième,	puer, eri, le *ou* un enfant.
Deuxième,	vir, iri, le *ou* un homme.
Deuxième,	hortus, i, le *ou* un jardin.
Deuxième,	filius, ii, le *ou* un fils.
Deuxième,	arcānum, i, (neutre) le *ou* un secret; a trois cas semblables, nom. acc. voc.
Troisième,	frater, tris, le *ou* un frère.
Quatrième,	currus, ûs, le *ou* un char.
Quatrième,	genu, u, le *ou* un genou.
Cinquième,	res, rei, la *ou* une chose.

Tableau synoptique des noms dérivés du grec des trois premières déclinaisons.

	SINGULIER.					PLURIEL.
	1	1	1	2	3	3
Nom.	as,	es,	e (*),	eus,	is,	es,
Gén.	æ,	æ,	es,	eos *ou* ei,	eos *ou* is,	eon,
Dat.	æ,	æ,	e,	eo,	i,	ibus,
Acc.	ean *ou* am,	en,	en,	eon, ea *ou* eum,	in *ou* im,	es,
Voc.	a,	e,	e,	eu,	is,	es,
Abl.	â,	e,	e,	eo,	i,	ibus.

Ainsi se déclinent :

Première déclinaison,	Æneas, eæ, Énée. Alcides, idæ, Hercule. Cybele, es, Cybèle.
Deuxième,	Theseus, ei, Thésée.
Troisième,	poesis, is, la poésie.

(*) Les noms dérivés du grec, terminés par *e*, sont féminins; ils se déclinent au pluriel comme les noms de la première déclinaison :

Epitome, *es*, le *ou* un abrégé; pluriel, *epitomæ*, les abrégés.

Les substantifs grecs de la deuxième déclinaison n'ont pas de pluriel.

---

les substantifs neutres de cette déclinaison ont le nominatif, l'accusatif et le vocatif pluriel en *a*,

Pignus, *oris*, n. le *ou* un gage; nom. acc. voc. pluriel, *pignora*, les gages.

Flumen, *inis*, n. le *ou* un fleuve; nom. acc. voc. pluriel, *flumina*, les fleuves.

Phrase dans laquelle se trouvent appliqués tous les cas dans les six langues précitées.

Français.

« Ta sœur, mon fils, a donné à son cousin les œuvres de Buffon, parce que son cousin est estimé de tout le monde, à cause de sa sagesse et de sa modestie. »

Qui est-ce qui a donné? *ta sœur*, sujet nominatif.

Mon fils, vocatif, parce qu'on adresse la parole au fils.

A qui a-t-elle donné? *à son cousin*, datif, parce que *à* est le terminatif de l'action.

Quoi? *les œuvres*, régime du verbe actif *donner*.

De qui? *de Buffon*, génitif; parce que *de* marque appartenance.

Qui est-ce qui est estimé? *son cousin*, sujet nominatif.

De ou par qui est-il estimé? *de tout le monde*, ablatif, parce que *de tout le monde* est régime du verbe passif *être estimé*.

A cause de quoi? *de sa sagesse*, régime de la préposition *à cause de*.

Et, conjonction qui veut après le même cas et le même temps qu'auparavant.

De sa modestie, également régie par la préposition *à cause de*.

Latin.

Tua soror, fili mi, dedit suo consobrino opera Buffonii; quia ejus consobrinus æstimatur ab omnibus, propter suam sapientiam et suam modestiam.

Italien.

Tua sorella, figlio mio, ha dato a suo cugino le opere di Buffon; perchè suo cugino è stimato da ognuno, per la sua saviezza e la sua modestia.

Espagnol.

Tu hermana, hijo mio, ha dado a su primo las obras de Buffon; porque su primo es estimado de todos, por su sabiduria y su modestia.

Portugais.

Tua irmãa, filho meu, tem dado a seu primo as obras de Buffon; porque seu primo he estimado de todos, por a sua sabedoria e a sua modestia.

Anglais.

Your sister, son, has given to* her cousin Buffon's works; because her cousin is esteemed by every body, for his wisdom and his modesty.

* Mot à mot, *à sa cousin;* parce qu'en anglais le pronom possessif s'accorde avec le possesseur, et non pas avec la chose possédée comme en français.

ADJECTIFS LATINS.

Les adjectifs de la deuxième déclinaison sont terminés par *us*, *a*, *um*, ou par *er*, *ra*, *rum*. *Doctus*, *a*, *um*, savant; *niger*, *nigra*, *nigrum*, noir.

Les adjectifs de la troisième déclinaison ont diverses terminaisons.

Les adjectifs terminés par *is*, *is*, et par *e* au neutre, ont l'ablatif singulier en *i* et le génitif pluriel en *ium*.

Fortis, *is*, *e*, courageux; ablatif singulier, *forti;* génitif pluriel, *fortium*.

Les adjectifs qui ne sont pas terminés par *er* ou par *is*, n'ont qu'une seule terminaison pour les trois genres.

Masculin, féminin et neutre: *constans*, constant; *capax*, capable; *velox*, prompt.

L'adjectif sans substantif se met au neutre, et régit le verbe à l'infinitif.

« Il est glorieux de vaincre ses passions: *gloriosum* est cupiditates suas refrenare. »

Tableau synoptique des désinences de plusieurs subs-
gnols, portugais et anglais considérés sous leurs

SUBSTANTIFS.

Français.	*Latin.*	*Italien.*
		Changez les
die. . . . en	dia, æ.	dia. . . . .
té.	tas, tatis.	tà. . . . .
eur.	or, oris (masc.)	ore (m.) . . . .
ance.	antia, æ.	anza. . . . .
ence.	entia, æ.	enza. . . . .
ment.	mentum, i.	mento. . . . .
tion.	tio, onis.	zione. . . . .
aison.	. . . .	agione. . . . .
c.	cus, ci.	co. . . . .
oire.	oria, æ.	oria. . . . .
tude.	tudo, inis.	tudine. . . . .
sion.	sio, onis.	zione. . . . .
ure.	ura, æ.	ura. . . . .
ont.	ons, ontis.	onte. . . . .
ain, nom de nation.	anus, i.	ano. . . . .
ien, nom de nation.	ianus, i.	iano. . . . .
ais, nom de nation.	us, i.	ese. . . . .
agne.	. . . .	agna. . . . .

Ainsi sont formés les noms suivans : tragédie, libéralité, faveur, constance, pru-
Romain, Italien, Anglais, campagne.

ADJECTIFS ET

Français.		*Latin.*		*Italien.*	
adj.	adv.	adj.	adv.	adj.	adv.
ant	amment,	ans	anter,	ante	mente,
ent	emment,	ens	enter,	ente	mente,
al	ement,	alis	aliter,	ale	almente,
eux	eusement,	osus	osè,	oso	osamente,
ible	ment,	ibilis	ibiliter,	ibile	ibilmente,
ulier	ement,	ularis	ulariter,	olare	olarmente,
aire	ment,	arius	ariè,	ario	ariamente,
us	ément,	usus	usè,	uso	usamente,
ile	ment,	ilis,	iliter,	ile	ilmente,
in	ignement,	ignus	ignè,	igno	amente,
ain	ement,	anus	anè,	ano	amente,
if	ivement,	ivus	ivè,	ivo	amente,

Ainsi sont formés les adjectifs et les adverbes suivans : Constant, prudent, libé-

tantifs, adjectifs et adverbes latins, italiens, espa-
rapports analogiques avec le français.

SUBSTANTIFS.

Espagnol.	Portugais.	Anglais.
désinences françaises		
dia.	dia.	dy.
dad.	dade.	ty.
or (m.).	or (m.).	our.
ancia.	ancia.	ancy.
encia.	encia.	ence.
mento.	mento.	ment.
cion.	ção.	tion.
azon.	azao.	
co.	co.	k.
oria.	oria.	ory.
tud.	dão.	tude.
sion.	são.	sion.
ura.	ura.	ure.
onte.	onte	
ano.	ano.	an.
iano.	iano.	ian.
es.	ez.	
aña.	anha.	

dence, monument, ambition, raison, grec, gloire, solitude, passion, figure, front,

ADVERBES.

Espagnol. adj.	adv.	Portugais. adj.	adv.	Anglais. adj.	adv.
ante	mente,	ante	mente,	ant	ly.
ente	mente,	ente	mente,	ente	ly.
ale	almente,	ale	almente,	al	y.
oso	osamente,	oso	osamente,	ous	ly.
ible	mente,	ivel	mente,	ible	ibly.
ular	mente,	ular	mente,	ular	ly.
ario	amente,	ario	amente,	ary	arily.
uso	usamente,	uso	usamente,	used	ly.
il	mente,	il	mente,		
igno	amente,	igno	amente,		
ano	amente,	ano	amente,	an	ely.
ivo	amente,	ivo	amente,		

ral, glorieux, terrible, singulier, solitaire, confus, facile, benin, humain, actif.

Ce changement des désinences françaises en celles des cinq langues ci-dessus précitées, n'est pas tellement général, qu'il ne soit susceptible de quelques exceptions. L'usage les fera connaître.

Les substantifs italiens terminés par *ction*, changent *ction* en *zione*. Action, *azione;* prédiction, *predizione.*

Les substantifs qui ont pour désinence *ixtion*, changent *ixtion* en *istione:* mixtion, *mistione.*

Les substantifs terminés en *uxion*, changent *uxion* en *ussione:* fluxion, *flussione.*

AUGMENTATIFS ET DIMINUTIFS.

Les langues italienne, espagnole et portugaise ont des augmentatifs et des diminutifs; mais la langue anglaise n'en a point.

En français il y a des diminutifs terminés en *et:* un *livret*, un *coffret*, un *jardinet.*

Les latins ont des diminutifs terminés en *ulus* et en

DEGRÉS DE

COMPARATIF.

Le comparatif est une manière d'exprimer une chose qualités.

On compare les objets de trois manières:

1° Supérieurement par *plus;* plus aimable que } modeste.
2° Inférieurement par *moins;* moins aimable que } modeste.
3° Également par *aussi*, *autant;* aussi aimable que } modeste.

Tableau synoptique des comparatifs de supériorité, adverbes français, latins, italiens,

Français.	*Latin.*	*Italien.*
	m. f. n. adv.	
Plus,	or, us, ùs,	più,
Moins,	minùs,	meno,
Aussi. si,	tàm *ou* æquè,	così *ou* tanto,

ulum : *flosculus*, petite fleur; *munusculum*, petit présent.

Augmentatifs et diminutifs italiens, espagnols et portugais.

Ils se forment du substantif en retranchant la voyelle finale pour y ajouter :

AUGMENTATIFS.

Italiens.	*Espagnols.*	*Portugais.*
One (invar.) accio, accia,	on, ona, azo, aza, ote, ota,	rão, rona.

DIMINUTIFS.

Ino, etto, ello,	cito, cico, cillo, zuelo,	inho, zinho.

Italien : cappellone, *grand chapeau*; cappellaccio, *grand vilain chapeau*; cappellino, *joli petit chapeau*; furbetta, *petite friponne*; poveretto, *pauvre petit*; pastorella, *jeune bergère*.

Espagnol : hombron, hombrote, hombrazo, *un grand* ou *un gros homme*; hombrecito, hombrecillo, hombrecico, hombrezuelo, *un petit homme*.

Portugais : homemzarão, *un grand* ou *un gros homme*; homeminho *ou* homemzinho, *un petit homme*; mulerinha, *une pauvre petite femme*; cazinha, *une petite maison*.

Les augmentatifs portugais sont ordinairement dépressifs, et se prennent en mauvaise part.

COMPARAISON.

COMPARATIF.

comparée à une autre, par une même ou par différentes

d'infériorité, d'égalité formés des adjectifs et des espagnols, portugais et anglais.

Espagnol.	*Portugais.*	*Anglais.*
mas,	mais,	er. (ajouté à l'adjectif.)
menos,	menos,	less.
to,	tâm,	as.

SUPERLATIF.

Le superlatif exprime la qualité au suprême degré.

Tableau synoptique des super

Français.	*Latin.*	*Italien.*
	adv.	
très, fort, bien,	issimus, a, um, issimè,	issimo,
le plus,	issimus, a, um, issimè,	il più.

COMPARATIFS

meilleur,	melior, ius, *n.*	migliore,
moindre,	minor, us,	minore,
pire,	pejor, us,	peggiore,

SUPERLATIFS.

Français.	*Latin.*	*Italien.*
le meilleur,	optimus, a, um,	il migliore,
le moindre,	minimus, a, um,	il minore,
le pire,	pessimus, a, um,	il peggiore,

Manière dont les Anglais forment leur comparatif et leur superlatif.

Ils ajoutent *er* à l'adjectif, quand il finit par une consonne, et n'a que deux syllabes. Ils ajoutent seulement *r* quand l'adjectif finit par une voyelle.

Ils forment leur superlatif, en ajoutant *est* à l'adjectif, quand il a pour désinence une consonne; *st*, quand il finit par une voyelle; *great*, grand; *greater*, plus grand, *the greatest*, le plus grand; *fine*, beau; *finer*, plus beau; *the finest*, le plus beau.

Quand l'adjectif a plus de deux syllabes, ou qu'il est terminé par *able*, *al*, *ain*, *ant*, *ed*, *ent*, *est*, *id*, *ible*, *ing*, *ish*, *less*, *ous*, *ry*, *some*, il est précédé de *more*,

Il y a deux sortes de superlatifs : absolus, relatifs.
Absolus : *très*, *fort*, *bien* obligeant.
Relatifs : *le plus*, *la plus*, *les plus* complaisans.

---

latifs absolus et relatifs.

Espagnol.	*Portugais.*	*Anglais.*
muy, isimo,	muyto, issimo,	very *ou* most.
isimo,	o mays,	est.

IRRÉGULIERS.

mejor,	melhor,	better.
menor,	menor,	less.
peor,	peior,	worse.

SUPERLATIFS.

Espagnol.	*Portugais.*	*Anglais.*
el optimo,	o melhor,	the best.
el minimo,	o menor,	the least.
el pesimo,	o peior,	the worst.

---

plus, au comparatif; et de *the most*, le plus, au superlatif; *ambitious*, ambitieux; *more ambitious*, *the most ambitious; able*, capable; *more able*, *the most able.*

Quand l'adjectif est terminé par un *y* précédé d'une consonne, on change *y* en *ier* au comparatif, et en *iest* au superlatif; *lovely*, aimable; *lovelier*, plus aimable; *the loveliest*, le plus aimable.

Manière dont sont formés en latin les comparatifs et les superlatifs.

Le comparatif de supériorité *plus* est formé, dans la deuxième déclinaison, du génitif singulier *i;* et dans la troisième, du datif singulier *i*, en y ajoutant *or* pour le masculin et le féminin, *us* pour le neutre; *ùs* marqué d'un accent grave pour le comparatif adverbe.

Les superlatifs absolus et relatifs sont formés comme le comparatif, des cas génitif et datif *i*, en y ajoutant *ssimus*, *a*, *um*, *ssimè* pour le superlatif adverbe.

Doctus, savant; génitif, *docti;* comparatif, *doctior*, *doctius*, *doctiùs*.

Superlatif absolu et relatif: *doctissimus*, *a*, *um*, *doctissimè; prudens*, prudent; datif, *prudenti;* comparatif, *prudentior*, *prudentius*, *prudentiùs*.

Superlatif absolu et relatif: *prudentissimus*, *a*, *um*, *prudentissimè*.

Les adjectifs terminés par *eus*, *ius*, *uus*, n'ont ni comparatif ni superlatif; mais on y supplée en mettant *magis* avant l'adjectif pour le comparatif, et *maximè*, *valdè* ou *admodùm* pour le superlatif.

Idoneus, propre à; *magis idoneus*, *maximè*, *valdè* ou *admodùm idoneus*.

Necessarius, nécessaire; *magis necessarius*, *maximè*, *valdè* ou *admodùm necessarius*.

Conspicuus, illustre; *magis conspicuus*, *maximè*, *valdè* ou *admodùm conspicuus*.

Les adjectifs suivans n'ayant pas de superlatif, il faut faire précéder l'adjectif de *valdè* ou *admodùm*.

Adolescens, jeune homme; comparatif,	*adolescentior*.
Infinitus, infini,	*infinitior*.
Ingens, grand,	*ingentior*.
Juvenis, jeune,	*junior*.
Satur, rassasié,	*saturior*.
Senex, vieux,	*senior*.
Sublimis, sublime,	*sublimior*.

Superlatif: *valdè* ou *admodùm adolescens*, *infinitus*, *ingens*, *juvenis*, *satur*, *senex*, *sublimis*.

OBSERVATIONS.

Les adjectifs terminés en *er*, forment leur superlatif, en ajoutant *rimus*, *rimè*, adv., à la désinence *er :*

Pauper, pauvre, *pauperrimus*, *pauperrimè*.

Les adjectifs terminés en *dicus*, *ficus*, *volus*, forment leur comparatif, en changeant *us* en *entior*, *entius*, *entiùs*, adv., *entissimus*, *entissimè*, adv.

Maledicus, médisant; *maledicentior*, *maledicentius*, *maledicentiùs*; *maledicentissimus*, *maledicentissimè*.

Beneficus, bienfaisant; *beneficentior*, *beneficentius*, *beneficentiùs*; *beneficentissimus*, *beneficentissimè*.

Benevolus, bienveillant; *benevolentior*, *benevolentius*, *benevolentiùs*; *benevolentissimus*, *benevolentissimè*.

Les adjectifs suivans, terminés en *ilis*, forment leur superlatif, en changeant *ilis* en *illimus*, *illimè*, adv.

Agilis, agile, *agillimus*, *agillimè*.

Difficilis, difficile, *difficillimus*, *difficillimè*.

Docilis, docile, *docillimus*, *docillimè*.

Facilis, facile, *facillimus*, *facillimè*.

Dissimilis, différent, *dissimillimus*, *dissimillimè*.

Similis, semblable, *simillimus*, *simillimè*.

Verisimilis, vraisemblable, *verisimillimus*, *verisimillimè*.

Gracilis, mince, *gracillimus*, *gracillimè*.

Humilis, humble, *humillimus*, *humillimè*.

Imbecillis, faible, *imbecillimus*, *imbecillimè*.

Les adjectifs terminés en *ilis* qui ne sont pas compris dans ces exceptions, font leur superlatif en *issimus*, *issimè :*

Utilis, utile, *utilissimus*, *utilissimè*.

Ainsi se déclinent au comparatif et au superlatif, les adjectifs suivans :

Deuxième déclinaison : *peritus*, génitif, *periti*, habile.

Troisième déclinaison : *mitis*, datif, *miti*, doux.

Niger, génitif, *nigri*, noir.

Maledicus, génitif, *maledici*, médisant.
Mirificus, génitif, *mirifici*, étonnant.
Malevolus, génitif, *malevoli*, malveillant.
Facilis, datif, *facili*, facile.
Idoneus, propre à; *innocuus*, innocent; *necessarius*, nécessaire.

NOMS DE NOMBRE.

Les noms de nombre servent à compter.

Il y en a de deux sortes : *cardinaux*, *ordinaux*.

Cardinaux : marquent le nombre des personnes ou des choses; quatre, trente, etc.

Ordinaux : marquent l'ordre ou le rang; le premier, le second. Ils se forment des cardinaux, en ajoutant *ième* à la consonne finale : *douze*, *douzième*.

On les rend adverbes, en ajoutant *ment* à la désinence *ième : vingtièmement*.

Tableau des noms de nombre cardinaux et ordinaux.

CARDINAUX.

Français.	*Latin.*	*Italien.*	*Espagnol.*	*Portugais.*	*Anglais.*
Quatre,	quatuor,	quattro,	quatro,	quatro,	four, etc.

ORDINAUX.

Troisième,	tertius,	terzo,	tercero,	terceiro,	the third.

Déclinaison des noms de nombre cardinaux latins.

Nominatif, *unus*, *a*, *um*, un; génitif, *unius;* datif, *uni;* accusatif, *unum;* ablatif, *uno*, *â*, *o*.

Nom., *duo*, *duæ*, *duo*, deux; gén., *duorum*, *arum*, *orum;* dat. et abl., *duobus*, *duabus*, *duobus*; acc., *duos*, *duas*, *duo*.

Ainsi se décline *ambo*, *æ*, *o*, tous deux.

Nom., *tres*, *tria*, trois, se décline comme les noms de la troisième déclinaison.

Mille, mille, se rend par *millia* avec le génitif, quand on parle de plusieurs mille : douze mille hommes, *duodecim millia hominum*.

Le nom de nombre sans substantif se met au neutre : un, *unum;* deux, *duo;* trois, *tria;* mille, *millia*.

Un, article, ne s'exprime point : j'ai vu *un* tableau, *vidi picturam*.

Un, signifiant *un certain*, se rend par *quidam : un* jour je vis, *quâdam die vidi*.

En latin, en italien, en espagnol, en portugais et en anglais, on change les noms de nombre cardinaux en ordinaux, quand ils sont placés après les noms des empereurs, des rois et des princes : Henri quatre; latin, *Henricus quartus;* italien, *Enrico quattro;* espagnol, *Henrico quatro;* portugais, *Henrico quatro;* anglais, *Henry the fourth*.

3° LE PRONOM.

Le pronom se met à la place du nom pour en éviter la répétition. Il s'accorde en genre et en nombre avec le nom qu'il remplace.

Il y a sept sortes de pronoms :

Personnels, conjonctifs, possessifs, démonstratifs, relatifs, interrogatifs, indéfinis ou indéterminés.

1° PRONOMS

Ils tiennent la place des

SINGULIER.

Français.	Latin.	Italien.
Je *ou* moi,	ego,	io,
Tu *ou* toi,	tu,	tu,
Il, }	ille,	egli *ou* esso,
Elle, }	illa,	ella *ou* essa,

PLURIEL.

Français.	Latin.	Italien.
Nous,	nos,	noi,
Vous,	vos,	voi,
Ils *ou* eux, }	illi, illa, *n.*	eglino *ou* essi,
Elles, }	illæ,	elleno *ou* esse,

Déclinaison des pronoms

SINGULIER.	PLURIEL.
Nom. *ego*, je *ou* moi,	*nos*, nous.
Gén. *meî*, de moi,	*nostrûm* vel *nostrî*, de nous (*).
Dat. *mihi*, à moi, me,	*nobis*, à nous.
Acc. *me*, moi, me,	*nos*, nous.
Abl. *me*, de moi, *ou* par moi,	*nobis*, de nous, *ou* par nous.

(*) Servez-vous de *nostrûm*, *vestrûm* avec les superlatifs relatifs *le plus*, *la plus*, *nostrî*, *vestrî*.
Le plus sage de nous ou de vous, *sapientissimus nostrûm* vel *vestrûm*.
Un *de* nous ou *de* vous, *unus nostrûm* vel *vestrûm*.
Ayez pitié *de* nous ou *de* vous, *miserere nostrî* vel *vestrî*.

Le pronom personnel de la troisième personne du tif. Il se décline au pluriel comme au singulier. Il est

Gén. *suî*, de soi, d'eux-mêmes, d'elles-mêmes.
Dat. *sibi*, à soi, se, à eux-mêmes, à elles-mêmes.
Acc. *se*, soi, se, eux-mêmes, elles-mêmes.
Abl. *se*, de soi, par soi, d'eux-mêmes, par eux-mêmes, d'elles-mêmes, par

PERSONNELS. .

personnes ou des choses.

SINGULIER.

Espagnol.	*Portugais.*	*Anglais.*
yo,	eu,	I.
tù,	tu,	thou.
el,	elle,	he, } pour les personnes.
ella,	ella,	she, }
		it, il, elle, pour les choses.

PLURIEL.

nosotros,	nós,	we.
vosotros,	vós,	you.
ellos,	elles,	they, pour les deux genres.
ellas,	ellas.	

personnels latins.

	SINGULIER.	PLURIEL.
Nom.	*tu*, toi *ou* vous,	*vos*, vous.
Gén.	*tuî*, de toi, de vous,	*vestrûm* vel *vestrî*, de vous (*).
Dat.	*tibi*, à toi, à vous,	*vobis*, à vous.
Acc.	*te*, toi, vous,	*vos*, vous.
Voc.	*ô tu*, ô toi,	*ô vos*, ô vous.
Abl.	*te*, de toi, par toi, de vous, par vous,	*vobis*, de vous, par vous.

les plus, ou avec *de*, quand il peut se tourner par d'*entre;* partout ailleurs c'est

singulier *il* ou *elle*, n'a point de nominatif ni de voca-
de tout genre et de tout nombre.

elles-mêmes.

2° PRONOMS

Ils sont toujours joints aux verbes

Français.	*Latin.*	*Italien.*
Me,	me, mihi,	mi,
Te,	te, tibi,	ti,
Se,	se, sibi,	si,
Nous,	nos, nobis,	ci,
Vous,	vos, vobis,	vi,
Le,	illum, illud, *n.*	lo,
La,	illam,	la,
Les,	illos, as, a,	li, le, *f.*
Lui,	illi,	{ gli, pour un homme. le, pour une femme. }
Leur,	illis,	loro (invariable).

3° PRONOMS

Ils indiquent la possession d'une personne ou d'une
Il y a deux sortes de pronoms possessifs : absolus,
Absolus : sont suivis d'un substantif ; *votre inten-*
Relatifs : ne sont pas suivis d'un substantif, et sont
aux ; c'est *le nôtre*, ce sont *les vôtres*, ce sont *les*

PRONOMS POSSESSIFS,

SINGULIER.

Français.	*Latin.*	*Italien.*
Mon, le mien,	meus, a, um,	il { mio, a, *f.*
Ton, le tien,	tuus, a, um,	tuo, a,
Son, le sien,	suus, a, um,	suo, a,
Notre, le nôtre,	noster, ra, rum,	nostro, a,
Votre, le vôtre,	vester, ra, rum,	vostro, a,
Leur, le leur,	suus, a, um,	loro (invar.)

PLURIEL.

Français.	*Latin.*	*Italien.*
Mes, les miens,	mei, æ, a,	i { miei, mie, *f.*
Tes, les tiens,	tui, æ, a,	tuoi, tue,
Ses, les siens,	sui, æ, a,	suoi, sue,
Nos, les nôtres,	nostri, æ, a,	nostri, e,
Vos, les vôtres,	vestri, æ, a,	vostri, e,
Leurs, les leurs,	sui, æ, a,	loro (invar.),

Pronoms possessifs

Le mien, *mine ;* le tien, *thyne ;* le sien, *his*, pour un homme, *hers*, pour une

CONJONCTIFS.

dont ils reçoivent l'action.

Espagnol.	*Portugais.*	*Anglais.*
me,	me,	me.
te,	te,	thee.
se, si,	se,	one self.
nos,	nos,	us.
os,	vos,	you, ye, en poésie.
lo,	o,	le, lui, pour un homme, him.
la,	a,	la, lui, pour une femme, her.
los, les las,	os, as, *f.*	le, la, lui, pour les choses et pour les animaux, it.
le,	lhe,	
les,	lhes,	them (invariable).

POSSESSIFS.

chose : *mon* bien, *son* ami.
relatifs.
tion.
précédés d'un des articles *le, la, les, du, des, au,*
siens.

ABSOLUS ET RELATIFS.

SINGULIER.

Espagnol.	*Portugais.*	*Anglais.*
mio, a, *f.*	o meu, minha,	mon, my.
tuyo, a,	o teu, tua,	ton, thy.
suyo, a,	o seu, sua,	son, his, pour un homme.
nuestro, a,	o nosso, nossa,	her, pour une femme.
vuestro, a,	o vosso, vossa,	S'accordent avec le possesseur et non avec la chose possédée.
suyo, a,	o seu, sua,	

PLURIEL.

Espagnol.	*Portugais.*	*Anglais.*
mios, as, *f.*	os meus, minhas,	son, sa, ses, pour les choses, its.
tuyos, as,	os teus, tuas,	
suyos, as,	os seus, suas,	
nuestros, as,	os nossos, nossas,	notre, our.
vuestros, as,	os vossos, vossas,	votre, your.
suyos, as,	os seus, suas,	leur, their.

relatifs anglais.

femme; le nôtre, *ours;* le vôtre, *yours;* le leur, *theirs.*

4° PRONOMS

Ils démontrent et rappellent au souvenir les per-

Tableau des pronoms

OBJET

Français.	Latin.	Italien.
Ce, cet, celui-ci, ceci,	hic, hoc, *n.*	questo,
Cette, celle-ci,	hæc,	questa,
Ces, ceux, ceux-ci,	hi, hæc, *n.*	questi,
Ces, celles, celles-ci,	hæ,	queste,

OBJET

Ce, cet, celui-là, cela,	ille, illud, *n.*	quel, quello,
Cette, celle-là,	illa,	quella,
Ces, ceux, ceux-là,	illi, illa, *n.*	quei, quelli,
Ces, celles, celles-là,	illæ,	quelle,

Déclinaison des pronoms

Hic, ce, cet, celui-ci.

	SINGULIER.			PLURIEL.		
	m.	*f.*	*n.*	*m.*	*f.*	*n.*
Nom.	hic,	hæc,	hoc,	hi,	hæ,	hæc.
Gén.	hujus,	hujus,	hujus,	horum,	harum,	horum.
Dat.	huic,	huic,	huic,	his,	his,	his.
Acc.	hunc,	hanc,	hoc,	hos,	has,	hæc.
Abl.	hoc,	hâc,	hoc,	his,	his,	his.

Servez-vous de ce pronom pour les choses présentes.

Ille, ce, cet, celui-là.

	SINGULIER.			PLURIEL.		
	m.	*f.*	*n.*	*m.*	*f.*	*n.*
Nom.	ille,	illa,	illud,	illi,	illæ,	illa.
Gén.	illius,	illius,	illius,	illorum,	illarum,	illorum.
Dat.	illi,	illi,	illi,	illis,	illis,	illis.
Acc.	illum,	illam,	illud,	illos,	illas,	illa.
Abl.	illo,	illâ,	illo,	illis,	illis,	illis.

On emploie ce pronom pour les choses absentes ou passées, ou quand on loue
Déclinez de même *iste*, *ista*, *istud*, qui se prend souvent en mauvaise part.
Idem, le même; *eadem*, la même; *idem* (*n.*), le même.
Les autres cas se déclinent comme *is*, *ea*, *id*, en ajoutant *dem*.
Même, placé après le nom substantif ou après le pronom personnel, s'exprime par
Vous-*même*, *tu ipse*. La fortune *même*, *for-*

DÉMONSTRATIFS.

sonnes ou les choses : *cet homme-là*, *ces personnes-là*.

démonstratifs.

PROCHE.

Espagnol.	*Portugais.*	*Anglais.*
este, esto,	este, isto,	this.
esta,	esta,	this.
estos,	estes,	these.
estas,	estas,	these.

ÉLOIGNÉ.

ese, aquel, eso, aquello,	esse, aquelle, isso, aquillo,	that.
esa, aquella,	essa, aquella,	that.
esos, aquellos,	esses, aquelles,	those.
esas, aquellas,	essas, aquellas,	those.

démonstratifs latins.

Ipse, lui, lui-même.

	SINGULIER.			PLURIEL.		
	m.	*f.*	*n.*	*m.*	*f.*	*n.*
Nom.	ipse,	ipsa,	ipsum,	ipsi,	ipsæ,	ipsa.
Gén.	ipsius,	ipsius,	ipsius,	ipsorum,	ipsarum,	ipsorum.
Dat.	ipsi,	ipsi,	ipsi,	ipsis,	ipsis,	ipsis.
Acc.	ipsum,	ipsam,	ipsum,	ipsos,	ipsas,	ipsa.
Abl.	ipso,	ipsâ,	ipso,	ipsis,	ipsis,	ipsis.

Is, ce, cet, celui-là, cela.

	SINGULIER.			PLURIEL.		
	m.	*f.*	*n.*	*m.*	*f.*	*n.*
Nom.	is,	ea,	id,	ii,	eæ,	ea.
Gén.	ejus,	ejus,	ejus,	eorum,	earum,	eorum.
Dat.	ei,	ei,	ei,	eis *ou* iis, pour les trois genres.		
Acc.	eum,	eam,	id,	eos,	eas,	ea.
Abl.	eo,	eâ,	eo,	eis *ou* iis, pour les trois genres.		

quelqu'un.

ipse; mais placé avant le substantif, il s'exprime par *idem*. EXEMPLES :
tuna ipsa. La *même* fortune, *eadem fortuna*.

5° PRONOMS

Ils ont toujours rapport à un nom ou à un pronom vous croyez.

Il y a quatre sortes de *que* : *que* relatif, *que* con-

Le *que* relatif se reconnaît, lorsqu'on peut le tour- *que* vous avez achetée : *ceux* ou *celles que* vous verrez

Le *que* conjonctif lie les membres de phrase ; il se *laquelle*, *lesquels*, *lesquelles*. Je désire *que* vous vous

6° PRONOMS

Le *que* interrogatif (?) exprime une interrogation.

Le *que* admiratif (!) quand on admire. *Que* vous

Qui *et* que *relatifs*

Français.	*Latin.*	*Italien.*
Qui, que, lequel,	qui, quæ, quod,	chi, che, il quale,
Dont, de qui,	cujus,	di cui,

Anglais : of whom, of wich, whose.

Déclinaison des pro-

SINGULIER.

	m.	*f.*	*n.*
Nom.	qui,	quæ,	quod,
Gén.	cujus, pour les trois genres,		
Dat.	cui, pour les trois genres,		
Acc.	quem,	quam,	quod,
Abl.	quo,	quâ,	quo,

QUE

Quis? qui? quel? lequel? *Quæ?* qui? quelle? la-

Quod ne s'emploie que quand il est joint à un subs- *habes?*

Les autres cas se déclinent comme *qui*, excepté l'ac-

Les composés de *qui* et de *quis* se déclinent comme *Quicumque*, *quæcumque*, *quodcumque*, quiconque,

Quispiam, *quæpiam*, *quidpiam* ou *quodpiam*, aucun, *ecquis?* quel? qui est-ce qui? ont le nominatif féminin

RELATIFS.

qui précède; la *personne que* vous estimez, *celui que*

jonctif, *que* interrogatif, *que* admiratif.
ner par *lequel*, *laquelle*, *lesquels*, *lesquelles*. La *bague*
demain.
reconnaît, quand on ne peut le tourner par *lequel*,
asseyiez.

INTERROGATIFS.

Que pensez-vous de moi?
pincez bien la harpe!

interrogatifs et admiratifs.

Espagnol.	*Portugais.*	*Anglais.*
que, quien, el qual, lo qual, cuyo,	que, quem, qual, quaes, cujo,	who, pour les personne. which, pour les choses. that, que conjonctif, sovent se supprime.

noms relatifs latins.

PLURIEL.

	m.	*f.*	*n.*
Nom.	qui,	quæ,	quæ.
Gén.	quorum,	quarum,	quorum.
Dat.	quibus,	queis (*), pour les trois genres.	
Acc.	quos,	quas,	quæ.
Abl.	quibus,	queis, pour les trois genres.	

(*) *Queis* n'est guère usité qu'en poésie.

INTERROGATIF.

quelle? *Quid? quod?* quel? quoi? pour le neutre.
tantif: Quelle affaire avez-vous? *Quodnam negotium*

cusatif singulier qui fait *quem? quam? quid? quod?*
qui; mais *qui* seulement se décline.
chaque, chacun, chacune.
personne sans négation; *aliquis*, quelque, quelqu'un,
singulier, le nominatif et l'accusatif pluriel neutre en *a*.

7° PRONOMS INDÉFINIS

Ils expriment indéter-

Français.	*Latin.*	*Italien.*
Quelqu'un,	aliquis,	alcuno,
Tout le monde,	quisque,	ognuno,
Chacun,	quicumque,	ciascuno,

4° DU VERBE.

Le verbe désigne l'action faite ou soufferte par le sujet, ou l'état du sujet. On le reconnaît, quand on peut y joindre un des pronoms personnels *je*, *tu*, *il* ou *elle*, etc.

Le sujet ou le nominatif du verbe est la personne ou la chose qui fait l'action ; le régime est la personne ou la chose qui reçoit l'action du verbe.

Il y a deux sortes de régimes : *direct* et *indirect*.

Direct : répond au mot *qui?* pour les personnes et *quoi?* pour les choses.

Indirect : répond aux mots *de qui? à qui? par qui?*

La *fille de votre tante a donné une montre à sa cousine.*

Qui est-ce qui a donné ? *la fille*, *sujet* nominatif.

La fille *de qui? de votre tante ; régime indirect*, génitif.

Qu'est-ce qu'elle a donné ? *une montre ; régime direct*, accusatif.

A qui a-t-elle donné ? *à sa cousine ; régime indirect*, datif.

CONJUGAISON DES VERBES.

Il y a quatre conjugaisons qu'on distingue par la terminaison de l'infinitif ; première *er*, *danser ;* deuxième *ir*, *dormir ;* troisième *oir*, *voir ;* quatrième *re*, *prendre.*

DES PERSONNES.

Les verbes ont trois personnes au singulier marquées

OU INDÉTERMINÉS.

minément un objet.

Espagnol.	*Portugais.*	*Anglais.*
alguno,	alguem,	some body, some one.
todo el mundo,	todo o mundo,	every body, every one.
cada uno,	cada hum,	every body, every one.

---

par *je, tu, il,* ou *elle ;* et trois personnes au pluriel marquées par *nous, vous, ils* ou *elles.*

DES NOMBRES.

Il y a dans les verbes, comme dans les noms, deux nombres; le singulier, quand on parle d'une seule personne : *Julie croit.* Le pluriel quand on parle de plusieurs personnes : *ils* ou *elles croient.*

DES DIFFÉRENTES SORTES DE VERBES.

Il y a deux verbes appelés auxiliaires : *avoir* et *être.* Ces verbes sont ainsi appelés, parce que les autres verbes en ont besoin pour être conjugués dans leurs temps composés, tant à l'actif qu'au passif.

Les autres verbes sont de cinq espèces : *actifs, neutres, passifs, réfléchis, réciproques* et *impersonnels.*

Actifs : expriment une action faite par le sujet ou par le nominatif de la phrase. On les reconnaît, quand on peut mettre après le verbe, *quelqu'un* ou *quelque chose.* Ainsi, *instruire, donner,* sont des verbes actifs, parce qu'on peut dire *instruire quelqu'un, donner quelque chose.*

Neutres : expriment une action qui ne s'étend pas hors du sujet. On les reconnaît quand on ne peut mettre après ces verbes *quelqu'un* ou *quelque chose.* Ainsi, *marcher, briller,* sont des verbes neutres; parce qu'on ne peut pas dire *marcher quelqu'un, briller quelque chose.*

Passifs : expriment une action reçue ou soufferte

par le sujet. Ils sont toujours suivis d'un de ces deux mots *de* ou *par*. *Je suis chéri de* mon oncle. Les Gaules *furent conquises par* César.

Réfléchis : expriment l'action d'un ou de plusieurs sujets qui agissent sur eux-mêmes : *je me réjouis, nous nous réjouissons.*

Réciproques : expriment l'action de plusieurs sujets qui agissent les uns sur les autres : votre nièce et votre cousine *se disputent* toujours.

Impersonnels : ne s'emploient qu'à la troisième personne du singulier dans tous leurs temps : *il faut, il importe, il pleut*, etc.

Les verbes *actifs* et *neutres* sont employés comme *impersonnels*, toutes les fois qu'on ne peut substituer aucun nom à la place du pronom.

Il convient, il est juste, il est nécessaire que nous fassions; *il s'est élevé* une dispute; *il y a eu* bien du bruit au spectacle, *on dit.*

Tableau synoptique de la conjugaison

Français.	*Italien.*	*Espagnol.*
Avoir,	avere,	haber ò tener,

INDICATIF PRÉSENT.

Exprime une chose qui se fait actuellement.

J'ai,	io ho,	yo he, ó tengo,
Tu as,	tu hai,	tú has, tienes,
Il a,	egli ha,	aquel ha, tiene,
Elle a,	ella ha,	aquella ha, tiene,
Nous avons,	noi abbiamo,	nosotros hemos, tenemos,
Vous avez,	voi avete,	vosotros habeis, teneis,
Ils ont,	églino hanno,	aquellos han, tienen,
Elles ont,	elleno hanno,	aqúellas han, tienen,

IMPARFAIT.

Marque l'action comme présente dans

J'avais,	aveva,	habia, ó tenia,
Tu avais,	avevi,	habias, tenias,
Il *ou* elle avait,	aveva,	había, tenía,
Nous avions,	avevamo,	habíamos, teníamos,
Vous aviez,	avevate,	habiais, teniais,
Ils *ou* elles avaient,	avevano,	habian, tenian,

DES TEMPS DES VERBES.

Les verbes sont divisés en temps simples et en temps composés.

On appelle temps simples ceux dans lesquels n'entrent point les auxiliaires *avoir* ou *être*.

On appelle temps composés, ceux qui sont formés des auxiliaires *avoir* ou *être*, et d'un participe passé, ainsi appelé, parce qu'il participe de la nature du verbe, qu'il en a la signification et le régime.

Il y a huit temps simples : le présent de l'indicatif, l'imparfait, le prétérit défini, le futur, le conditionnel présent, l'impératif, le présent et l'imparfait du subjonctif.

Il y a sept temps composés : le prétérit indéfini, le prétérit antérieur, le plusque-parfait, le futur passé, le conditionnel passé, le prétérit et le plusque-parfait du subjonctif.

---

des temps simples de l'auxiliaire avoir.

Portugais.	*Anglais.*
ter ó haver,	to have.

INDICATIF PRÉSENT.

Exprime une chose qui se fait actuellement.

eu tenho, ó hei,	I have.
tu tens, has,	thou hast.
elle tem, ha,	he has.
ella tem, ha,	she has.
nós temos, havemos,	we have.
vós tendes, haveis,	you have.
elles tem, hão,	they have.
ellas tem, hão,	they have.

IMPARFAIT.

le temps qu'une autre s'est faite.

tinha, ó havia,	I had.
tinhas, havias,	thou hadst.
tinha, havia,	he, she had.
tinhamos, haviamos,	we had.
tinheis, havieis,	you had.
tinhão, havião,	they had.

PRÉTÉRIT

Indique une chose faite dans un temps entièrement écoulé dont

Français.	*Italien.*	*Espagnol.*		
J'eus,	ebbi,	hube,	ó	tuve,
Tu eus,	avesti,	hubiste,		tuviste,
Il *ou* elle eut,	ebbe,	hubo,		tuvo,
Nous eûmes,	avemmo,	hubimos,		tuvímos.
Vous eûtes,	aveste,	hubísteis,		tuvísteis,
Ils *ou* elles eurent,	ebbero,	hubiéron,		tuviéron,

FUTUR.

Marque qu'une chose sera ou se fera ;

J'aurai,	avrò,	habré,	ó	tendré,
Tu auras,	avrai,	habrás,		tendrás,
Il *ou* elle aura,	avra,	habrá,		tendrá,
Nous aurons,	avremo,	habrémos,		tendrémos,
Vous aurez,	avrete,	habréis,		tendréis,
Ils *ou* elles auront,	avranno,	habrán,		tendrán,
Quand j'aurai,	avrò, etc.	si hubiere	*et*	tuviere,
ou si j'ai,		hubieres		tuvieres,
Quando *ou* se,		hubiere		tuviere,
		hubiéremos		tuviéremos,
		hubiéreis		tuviéreis,
		hubieren		tuvieren,

CONDITIONNEL

Indique qu'une chose serait moyennant

Français.	*Italien.*	*Espagnol.*			
J'aurais,	avrei,	yo habria,	*et* hubiera,	tendria,	*et* tuviera,
Tu aurais,	avresti,	habrias,	hubieras,	tendrias,	tuvieras,
Il aurait,	avrebbe,	habria,	hubiera,	tendria,	tuviera,
Nous aurions,	avremmo,	habríamos,	hubiéramos,	tendríamos,	tuviéramos,
Vous auriez,	avreste,	habríais,	hubiérais,	tendríais,	tuviérais,
Ils auraient,	avrebbero,	habrian,	hubieran,	tendrian,	tuvieran.

IMPÉRATIF.

Marque l'action de commander,

Il n'a pas de première personne du singulier,

Français.	*Italien.*	*Espagnol.*
Aie,	abbi tu,	ten tú, (*)
Qu'il ait,	abbia egli,	tenga aquel,
Qu'elle ait,	abbia ella,	tenga aquella,

(*) *Haber* n'a point d'impératif. On se sert de l'impératif du verbe *tener*, tenir. Ayez la bonté de venir, *tenga Vm. la bondad de venir.*

DÉFINI.

on assigne l'époque : il y a huit jours, un mois, un an,

Portugais.			*Anglais.*
tive,	ó	houve,	I had.
tiveste,		houveste,	thou hadst.
tive,		houve,	he, she had.
tivemos,		houvemos.	we had.
tivéstes,		houvéstes,	you had.
tivérão,		houvérão,	they had.

FUTUR.

demain, dans quinze jours, dans un an,

terei,	ó	haverei,	I shall or will have.
terás,		haverás,	thou shalt or wilt have.
terá,		haverá,	he shall or will have.
teremos,		haveremos,	we shall or will have.
tereis,		havereis,	you shall or will have.
teráõ,		haveráõ,	they shall or will have.
se tivér,	*et*	houvér,	if I have, etc.
tivéres,		houvéres.	
tivér,		houvér.	
tivérmos,		houvérmos.	
tivérdes,		houvérdes.	
tivérem,		houvérem.	

PRÉSENT.

une condition : si je pouvais,

	Portugais.				*Anglais.*
eu teria,	*et* tivera,	haveria,	*et* houvera,		I should or would have.
terias,	tiveras,	haverias,	houveras,		thou should'st or would'st have.
teria,	tivera,	haveria,	houvera,		he should or would have.
teriamos,	tiveramos,	haveriamos,	houveramos,		we should or would have.
terieis,	tivereis,	haverieis,	houvereis,		you should or would have.
teriao,	tiverão,	haverião,	houverão,		they should or would have.

IMPÉRATIF.

de prier ou d'exhorter.

parce qu'on ne se commande pas à soi-même.

Portugais.			*Anglais.*
tem tu, (*)			have thou.
tenha elle,	ó	haja elle,	let him have.
tenha ella,		haja ella,	let her have.

(*) *Haver* n'a pas de seconde personne du singulier de l'impératif, car on ne dit pas : *ha tu*, aie ; mais *tem tu*.

Français.	*Italien.*	*Espagnol.*
Ayons,	abbiamo noi,	tengamos nosotros,
Ayez,	abbiate voi,	tened vosotros,
Qu'ils aient,	abbiano eglino,	tengan aquellos,
Qu'elles aient,	abbiano elleno,	tengan aquellas,

SUBJONCTIF

Quand on veut, quand on souhaite, ou quand on doute

Que j'aie,	che abbia,	que haya	ò tenga,
Que tu aies,	che abbia,	hayas,	tengas,
Qu'il *ou* qu'elle ait,	che abbia,	haya,	tenga,
Que nous ayons,	che abbiamo,	que hayamos,	ò tengamos,
Que vous ayez,	che abbiate,	hayais,	tengais,
Qu'ils *ou* qu'elles aient,	che abbiano,	hayan,	tengan,

IMPARFAIT

Il fallait, il fallut hier, il a

Français.	*Italien.*
Que j'eusse,	che avessi,
Que tu eusses,	che avessi,
Qu'il eût,	che avesse,
Que nous eussions,	che avessimo,
Que vous eussiez,	che aveste,
Qu'ils eussent,	che avessero,

Français.	*Portugais.*			
Que j'eusse,	que tivesse,	*et* tivera,	houvesse,	*et* houvera.
Que tu eusses,	que tivesses,	tiveras,	houvesses,	houveras,
Qu'il eût,	que tivesse,	tivera,	houvesse,	houvera,
Que nous eussions,	que tivessemos,	tiveramos,	houvessemos,	houveramos,
Que vous eussiez,	que tivesseis,	tivereis,	houvesseis,	houvereis,
Qu'ils eussent,	que tivessem,	tiverão,	houvessem,	houverão,

TEMPS

Ils sont formés des temps simples du verbe

PRÉTÉRIT

Indique une chose faite dans un temps qui dure encore, ou dont on

J'ai eu,	ho avuto,	he habido ó tenido,

(*) En portugais les temps composés se conjuguent avec *ter*, et rarement avec prétérit : ayant aimé, *havendo amado*.

PRÉTÉRIT

Marque une chose faite avant une autre, qui se fit dans un temps

J'eus eu,	ebbi avuto,	hube habido ò tenido;

Portugais.		Anglais.
tenhamos nós,	hajamos nós,	let us have.
tende vós,	havei vós,	have.
tenhão elles,	hajão elles,	let them have.
tenhão ellas,	hajão ellas,	let them have.

PRÉSENT.

qu'une chose se fasse : il faut, il faudra

que tenha	ó haja,	that I may have.
tenhas,	hajas,	thou mayest have.
tenha,	haja,	he or she may have.
que tenhamos	ó hajamos,	we may have.
tenhais,	hajais,	you may have.
tenhão,	hajão,	they may have.

SUBJONCTIF.

fallu ce matin, il faudrait

Espagnol.

que hubiese,	*et* hubiera,	tuviese,	*et*	tuviera.
que hubieses,	hubieras,	tuvieses,		tuvieras.
que hubiese,	hubiera,	tuviese,		tuviera.
que hubiésemos,	hubiéramos,	tuviésemos,		tuviéramos.
que hubiéseis,	hubiérais,	tuviéseis,		tuviérais.
que hubiesen,	hubieran,	tuviesen,		tuvieran.

Anglais.

that I might have.
that thou mightest have.
that he migtht have.
that we might have.
that you might have.
that they might have.

COMPOSÉS.

avoir, en y ajoutant un participe passé.

INDÉFINI.

n'assigne point l'époque ; il se forme du présent de l'indicatif.

tenho tido (*), I have had, etc.

haver. Ce dernier est particulièrement usité à l'infinitif, pour former le participe

ANTÉRIEUR.

dont il ne reste plus rien ; il se forme du prétérit défini : quand

tive tido, I had had, etc.

PLUSQUE-

Indique qu'une chose était déjà faite, quand une

Français.	*Italien.*	*Espagnol.*
J'avais eu,	aveva avuto,	habia habido ó tenido,

FUTUR

Marque qu'une chose sera faite avant une

J'aurai eu,	avrò avuto,	habré habido ó tenido,

CONDITIONNEL

Indique qu'une chose aurait été faite, si certaine condition

J'aurais eu,	avrei avuto,	hubiera habido ó tenido,

PRÉTÉRIT DU

Il se forme du présent du

Que j'aie eu,	che abbia avuto,	que haya habido ó tenido,

PLUSQUE-PARFAIT

Il se forme de l'imparfait du subjonctif:

Que j'eusse eu,	che avessi avuto,	que hubiese habido ó tenido,

INFINITIF.

Exprime l'action ou l'état d'une chose en général,

Avoir,	avere,	haber ó tener (*),

(*) *Haber* et *tener* ont la même signification comme auxiliaires : le premier est le une espèce d'obligation ; son emploi n'est pas fréquent ; mais on s'en sert quand *dinero*.

PARTICIPE

Exprime une action présente, suppose un régime

Ayant,	avendo, coll', nell', *ou* in avere,	habiendo *ou* teniendo,

PARTICIPE

u, eue, eus, eues	àvuto, i, a, e,	habido, os, a, as, tenido, os, a, as,

PARFAIT.

autre s'est faite ; il se forme de l'imparfait.

Portugais.	*Anglais.*
tinha tido,	I had had, etc.

PASSÉ.

autre ; il se forme du futur simple.

terei tido,	I shall or will have had, etc.

PASSÉ.

avait eu lieu ; il se forme du conditionnel présent : si j'avais pu,

teria tido,	I should or would have had, etc.

SUBJONCTIF.

subjonctif : il aura fallu

que tenha tido,	that I may have had, etc.

DU SUBJONCTIF.

il avait, il aurait ou *il eût fallu*

que tivesse tido,	that I might have had, etc.

INFINITIF.

sans aucun rapport exprimé de nombre ni de personne.

ter ó haver,	to have.

plus généralement usité ; le second paraît ajouter à la force de l'expression ; il marque
avoir est employé comme actif, et qu'il marque possession : j'ai de l'argent, *tengo*

PRÉSENT.

exprimé ou sous-entendu (qui *ou* quoi).

havendo, tendo,	having.

PASSÉ.

tido, os, a, as,	had (*invariable*).

Tableau synoptique de la conjugaison

INDICATIF

Français.	*Latin.*	*Italien.*
Je suis,	sum,	io sono,
Tu es,	es,	tu sei,
Il est,	est,	egli è,
Elle est,	est,	ella è,
Nous sommes,	sumus,	noi siamo,
Vous êtes,	estis,	voi siete,
Ils sont,	sunt,	eglino sono,
Elles sont,	sunt,	elleno sono,

IMPARFAIT.

J'étais,	eram,	era,
Tu étais,	eras,	eri,
Il était,	erat,	era,
Nous étions,	eramus,	eravamo,
Vous étiez,	eratis,	eravate,
Ils étaient,	erant,	erano,

PRÉTÉRIT DÉFINI.

Hier

Je fus,	fui,	fui,
Tu fus,	fuisti,	fosti,
Il fut,	fuit,	fù,
Nous fûmes,	fuimus,	fummo,
Vous fûtes,	fuistis,	foste,
Ils furent,	fuērunt *ou* fuēre,	furono,

FUTUR.

Demain

Je serai,	ero,	sarò,
Tu seras,	eris,	sarai,
Il sera,	erit,	sarà,
Nous serons,	erimus,	saremo,
Vous serez,	eritis,	sarete,
Ils seront,	erunt,	saranno,
Quand je serai, *Ou* si je suis,	quando *ou* se,	sarò, etc.

des temps simples de l'auxiliaire être.

PRÉSENT.

Espagnol.		*Portugais.*		*Anglais.*
yo soy,	ó estoy,	eu sou,	ó estou,	I am.
tú eres,	estás,	tu es,	estás,	thou art.
aquel es,	está,	elle he,	está,	he is.
aquella es,	está,	ella he,	está,	she is.
nosotros somos,	estamos,	nós sômos,	estamos,	we are.
vosotros sois,	estais,	vós sois,	estais,	you are.
aquellos son,	están,	ellos são,	estão,	they are.
aquellas son,	están,	ellas são,	estão,	they are.

IMPARFAIT.

era,	ó estaba,	éra,	ó estava,	I was.
eras,	estabas,	éras,	estavas,	thou wast.
era,	èstaba,	éra,	estava,	he was.
éramos,	estábamos,	éramos,	estavamos,	we were.
érais,	estábais,	éreis,	estaveis,	you were.
eran,	estaban,	érão,	estavão,	they were.

PRÉTÉRIT DÉFINI.

Hier

fuí,	ó estuve,	fui,	ó estive,	I was.
fuiste,	estuviste,	foste,	estiveste,	thou wast.
fué,	estuvo,	foi,	estive,	he was.
fuímos,	estuvimos,	fômos,	estivemes,	we were.
fuísteis,	estuvísteis,	fostes,	estivestes,	you were.
fuéron,	estuviéron,	fôrão,	estiverão,	they were.

FUTUR.

Demain

seré,	ó estaré,	serei,	ó estarei,	I shall or will be.
serás,	estarás,	serás,	estarás,	thou shalt or wilt be.
será,	estará,	será,	estará,	he shall or will be.
serémos,	estarémos,	seremos,	estaremos,	we shall or will be.
seréis,	estaréis,	sereis,	estareis,	you shall or will be.
serán,	estarán,	serão,	estarão,	they shall or will be.

si fuere,	*et* estuviere,	se for,	*et* estiver,	if I am, etc.
fueres,	estuvieres,	fores,	estiveres,	
fuere,	estuviere,	for,	estiver,	
fuéremos,	estuviéremos,	formos,	estivermos,	
fuéreis,	estuviéreis,	fordes,	estiverdes,	
fueren,	estuvieren,	forem,	estiverem,	

CONDITIONNEL

Français.	*Latin.*	*Italien.*
Je serais,	essem,	sarei,
Tu serais,	esses,	saresti,
Il serait,	esset,	sarebbe,
Nous serions,	essemus,	saremmo,
Vous seriez,	essetis,	sareste,
Ils seraient,	essent,	sarebbero,

Français.	*Portugais.*			
Je serais,	seria,	*et* fora,	estaria,	*et* estivera,
Tu serais,	serias,	foras,	estarias,	estiveras,
Il serait,	seria,	fora,	estaria,	estivera,
Nous serions,	seriamos,	foramos,	estariamos,	estiveramos,
Vous seriez,	serieis,	foreis,	estarieis,	estivereis,
Ils seraient,	serião,	forão,	estarião,	estiverão,

IMPÉRATIF.

Français.	*Latin.*	*Italien.*
Sois,	es *ou* esto,	sii tu,
Qu'il soit,	esto ille,	sia egli,
Qu'elle soit,	esto,	sia ella,
Soyons,	simus,	siamo noi,
Soyez,	sitis,	siate voi,
Qu'ils soient,	sint,	siano eglino,
Qu'elles soient,	sint,	siano elleno,

SUBJONCTIF

Il faut,

Que je sois,	ut sim,	che sia,
Que tu sois,	sis,	sia,
Qu'il soit,	sit,	sia,
Que nous soyons,	simus,	siamo,
Que vous soyez,	sitis,	siate,
Qu'ils soient,	sint,	siano,

IMPARFAIT

Il fallait, il fallut hier,

Français.	*Latin.*	*Italien.*
Que je fusse,	ut essem,	che fossi,
Que tu fusses,	ut esses,	che fossi,
Qu'il fût,	ut esset,	che fosse,
Que nous fussions,	ut essemus,	che fossimo,
Que vous fussiez,	ut essetis,	che foste,
Qu'ils fussent,	ut essent,	che fossero,

PRÉSENT.

Espagnol.

yo seria,*	*et* fuera,	yo estaria,	*et*	estuviera.
serias,	fueras,	estarias,		estuvieras.
seria,	fuera,	estaria,		estuviera.
seríamos,	fuéramos,	estaríamos,		estuviéramos.
seríais,	fuérais,	estaríais,		estuviérais.
serian,	fueran,	estarian,		estuvieran.

Anglais.

I should or would be.
thou should'st or would'st be.
he should or would be.
we should or would be.
you should or would be.
they should or would be.

IMPÉRATIF.

Espagnol.	*Portugais.*	*Anglais.*
se ó está tú,	se ó está tú,	be thou.
sea ó esté aquel,	seja ó esteja elle,	let him be.
sea ó esté aquella,	seja ó esteja ella,	let her be.
seamos ó estemos nosotros,	sejamos ó estejamos nos,	let hus be.
sed ó estad vosotros.	sede ó estai vos,	be.
sean ó estén aquellos,	sejão ó estejão elles,	let them be.
sean ó estén aquellas,	sejão ó estejão ellas,	let them be.

PRÉSENT.

il faudra,

que sea,	ó esté,	que seja,	ó esteja,	that I may be.
seas,	estés,	sejas,	estejas,	that thou mayest be.
sea,	esté,	seja,	esteja,	that he may be.
seamos,	estemos,	sejamos,	estejamos,	that we may be.
seais,	esteis,	sejais,	estejais,	that you may be.
sean,	esten,	sejão,	estejão,	that the may be.

SUBJONCTIF.

il a fallu ce matin, il faudrait

Espagnol.

que yo fuese,	*et* fuera,	yo estuviese,	*et* estuviera.
que fueses,	fueras,	estuvieses,	estuvieras.
que fuese,	fuera,	estuviese,	estuviera.
que fuésemos,	fuéramos,	estuviésemos,	estuviéramos.
que fuéseis,	fuérais,	estuviéseis,	estuviérais.
que fuesen,	fueran,	estuviesen,	estuvieran.

Français.	*Portugais.*			
Que je fusse,	que fosse,	*et* fora,	estivesse,	*et* estivera,
Que tu fusses,	que fosses,	foras,	estivesses,	estiveras,
Qu'il fût,	que fosse,	fora,	estivesse,	estivera,
Que nous fussions,	que fossémos,	foramos,	estivessemos,	estiveramos,
Que vous fussiez,	que fosseis,	foreis,	estivesseis,	estivereis,
Qu'ils fussent,	que fossem,	forão,	estivessem,	estiverão,

TEMPS

Ils sont formés des temps simples du verbe *avoir*, en y ajoutant *été*, et un parti-
En italien, ils sont formés des temps simples de l'auxiliaire *être*, lui-même, en y
sujet ou le nominatif du verbe.

PRÉTÉRIT

Français.	*Latin.*	*Italien.*
J'ai été,	sum *ou* fui,	sono stato, stata,

PRÉTÉRIT

J'eus été,	sum *ou* fui,	fui stato,

PLUSQUE-

J'avais été,	eram *ou* fueram,	era stato,

FUTUR

J'aurai été,	ero *ou* fuero,	sarò stato,

CONDITIONNEL

J'aurais été,	essem *ou* fuissem,	sarei stato,

PRÉTÉRIT DU

Il aura

Que j'aie été,	sim *ou* fuerim,	sia stato,

PLUSQUE-PARFAIT

Il avait, il aurait

Que j'eusse été,	essem *ou* fuissem,	fossi stato,

INFINITIF.

Être,	esse,	essere,

(*) En espagnol et en portugais, le verbe *ser* est un verbe substantif qui sert

Anglais.

that I might be.
that thou mightest be.
that he might be.
that we might be.
that you might be.
that they might be.

COMPOSÉS.

cipe passé qui est toujours variable, quand le verbe est passif ou neutre.
ajoutant *stato*, *stati*, *stata*, *state*, qui s'accorde en genre et en nombre avec le

INDÉFINI.

Espagnol.	*Portugais.*	*Anglais.*
he sido, estado,	tenho sido, estado,	I have been, etc. (le participe passé anglais est toujours invariable.)

ANTÉRIEUR.

hube sido, ó estado,	tive sido *ou* estado,	I had been, etc.

PARFAIT.

habia sido ó estado,	tinha sidó *ou* estado,	I had been, etc.

PASSÉ.

habré sido ó estado,	terei sido *ou* estado,	I shall or will have been.

PASSÉ.

hubiera sido ó estado,	teria sido *ou* estado,	I should or would have been.

SUBJONCTIF.

fallu

haya sido ó estado,	tenha sido *ou* estado,	that I may have been.

DU SUBJONCTIF.

ou *il eût fallu.*

hubiese sido ó estado,	tivesse sido *ou* estado,	that I might have been.

INFINITIF.

ser ó estar,	ser *ou* estar (*),	to be.

à déclarer la substance, l'essence, l'être de la chose à laquelle il se rapporte.

Le verbe *estar* s'emploie pour exprimer une action, une situation, une manière

Espagnol.

Être homme, *ser hombre.* Être malade, *estar enfermo.*

En latin les verbes composés suivans se conjuguent comme *sum : abesse*, être quelque objet; *præesse*, être devant ou à la tête de; *superesse*, être sur quelque.

Prodesse se conjugue comme *sum*; par raison d'euphonie, on ajoute *d* à *pro* *prodest*, *prosumus*, *prodestis*, *prosunt.*

PARTICIPE

Français.	*Latin.*	*Italien.*
Étant,		essendo, *coll' nell' ou* in essere,

PARTICIPE

Été (*invariable*),		stato, stati, stata, state,

FUTUR

Devoir être,	fore *ou* futurum esse,	haver da essere,

Tableau synoptique de la conjugaison des temps sim-

Première conjugaison, *er.*	Deuxième, *ir.*

INDICATIF

Je chante,	je finis,
Tu chantes,	tu finis,
On, il *ou* elle chante,	il finit,
Nous chantons,	nous finissons,
Vous chantez,	vous finissez,
Ils *ou* elles chantent,	ils finissent.

IMPARFAIT.

Je chantais,	je finissais,
Tu chantais,	tu finissais,
On, il *ou* elle chantait,	il finissait,
Nous chantions,	nous finissions,
Vous chantiez,	vous finissiez,
Ils *ou* elles chantaient,	ils finissaient,

PRÉTÉRIT

Il y a

Je chantai,	je finis,
Tu chantas (*),	tu finis,
On, il *ou* elle chanta,	il finit,

(*) Dans les verbes réguliers et irréguliers, l'imparfait du subjonctif se forme de la imparfait du subjonctif, il faudrait que je *cousisse.*

d'être accidentelle et passagère,

Portugais.

Être généreux, *ser generoso.* Être chéri, *estar bem quisto*, etc.

absent; *adesse*, être présent; *deesse*, manquer à; *inesse*, être entre ou parmi chose, rester; *subesse*, être sous quelque chose.
avant les personnes du verbe qui commencent par un *e:* je sers, *prosum*, *prodes.*

PRÉSENT.

Espagnol.	*Portugais.*	*Anglais.*
siendo ó estando,	sendo *ou* estando,	being.

PASSÉ.

sido, sida, sidos, sidas,	estado (*invar.*), sido (*invar.*),	been.

PASSÉ.

haber de ser, ó estar,	haver de ser, *ou* estar,	being to.

ples des verbes actifs et neutres de la langue française.

Troisième, *oir.* — Quatrième, *re.*

PRÉSENT.

Troisième	Quatrième
je reçois,	je vends.
tu reçois,	tu vends.
il reçoit,	il vend.
nous recevons,	nous vendons.
vous recevez,	vous vendez.
ils reçoivent,	ils vendent.

IMPARFAIT.

Troisième	Quatrième
je recevais,	je vendais.
tu recevais,	tu vendais.
il recevait,	il vendait.
nous recevions,	nous vendions.
vous receviez,	vous vendiez.
ils recevaient,	ils vendaient.

DÉFINI.

deux mois,

Troisième	Quatrième
je reçus,	je vendis.
tu reçus.	tu vendis.
il reçut,	il vendit.

seconde personne du singulier du prétérit défini en ajoutant *se:* hier tu *consis.*

Nous chantâmes, nous finîmes,
Vous chantâtes, vous finîtes,
Ils *ou* elles chantèrent, ils finirent,

FUTUR.

Dans trois

Je chanterai, je finirai,
Tu chanteras, tu finiras,
On, il *ou* elle chantera, il finira,
Nous chanterons, nous finirons,
Vous chanterez, vous finirez,
Ils *ou* elles chanteront, ils finiront,

CONDITIONNEL

Si je

Je chanterais, je finirais,
Tu chanterais, tu finirais,
On, il *ou* elle chanterait, il finirait,
Nous chanterions, nous finirions,
Vous chanteriez, vous finiriez,
Ils *ou* elles chanteraient, ils finiraient,

IMPÉRATIF.

Chante, finis,
Qu'il, qu'elle *ou* qu'on chante, finisse,
Chantons, finissons,
Chantez, finissez,
Qu'ils *ou* qu'elles chantent, finissent,

SUBJONCTIF

Il faut,

Que je chante, que je finisse,
Que tu chantes, que tu finisses,
Qu'il, qu'elle ou qu'on chante, qu'il finisse,
Que nous chantions, que nous finissions,
Que vous chantiez, que vous finissiez,
Qu'ils *ou* qu'elles chantent, qu'ils finissent,

IMPARFAIT

Il fallait, il fallut hier, il a

Que je chantasse, que je finisse,
Que tu chantasses, que tu finisses,
Qu'il, qu'elle *ou* qu'on chantât, qu'il finît,
Que nous chantassions, que nous finissions,
Que vous chantassiez, que vous finissiez,
Qu'ils *ou* qu'elles chantassent, qu'ils finissent,

nous reçûmes,	nous vendîmes.
vous reçûtes,	vous vendîtes.
ils reçurent,	ils vendirent.

FUTUR.

semaines,

je recevrai,	je vendrai.
tu recevras,	tu vendras.
il recevra,	il vendra.
nous recevrons,	nous vendrons.
vous recevrez,	vous vendrez.
ils recevront,	ils vendront.

PRÉSENT.

pouvais,

je recevrais,	je vendrais.
tu recevrais,	tu vendrais.
il recevrait,	il vendrait.
nous recevrions,	nous vendrions.
vous recevriez,	vous vendriez.
ils recevraient,	ils vendraient.

IMPÉRATIF.

reçois,	vends.
reçoive,	vende.
recevons,	vendons.
recevez,	vendez.
reçoivent,	vendent.

PRÉSENT.

il faudra

que je reçoive,	que je vende.
que tu reçoives,	que tu vendes.
qu'il reçoive,	qu'il vende.
que nous recevions,	que nous vendions.
que vous receviez,	que vous vendiez.
qu'ils reçoivent,	qu'ils vendent.

DU SUBJONCTIF.

fallu ce matin, il faudrait

que je reçusse,	que je vendisse.
que tu reçusses,	que tu vendisses.
qu'il reçût,	qu'il vendît.
que nous reçussions,	que nous vendissions.
que vous reçussiez,	que vous vendissiez.
qu'ils reçussent.	qu'ils vendissent.

INFINITIF

Première, chanter.	*Deuxième*, finir.

PRÉTÉRIT.

Avoir chanté,	avoir fini,

PARTICIPE

Chantant,	finissant,

PARTICIPE

Chanté, e, és, ées,	fini, ie, is, ies,

FUTUR.

Devant chanter,	devant finir,

Ainsi se conjuguent

Première conjugaison, danser.	*Deuxième*, polir.

Tableau synoptique de la conjugaison des temps simples des verbes italiens.

INFINITIF.

Ire Parlare, *parler*.	IIe Credere, *croire*.	IIIe Sentire, *sentir*.

INDICATIF PRÉSENT.

Je parle,	je crois,	je sens.
Parlo,	credo,	sento.
Parli,	credi,	senti.
Parla,	crede,	sente.
Parliamo,	crediamo,	sentiamo.
Parlate,	credete,	sentite.
Parlano,	credono,	sentono.

IMPARFAIT.

Je parlais,	je croyais.	je sentais.
Parlava,	credeva,	sentiva.
Parlavi,	credevi,	sentivi.
Parlava,	credeva,	sentiva.
Parlavamo,	credevamo,	sentivamo.
Parlavate,	credevate,	sentivate.
Parlavano,	credevano,	sentivano.

PRÉSENT.

Troisième, recevoir.	*Quatrième*, vendre.

PRÉTÉRIT

avoir reçu,	avoir vendu.

PRÉSENT.

recevant,	vendant.

PASSÉ.

reçu, ue, us, ues,	vendu, ue, us, ues.

FUTUR.

devant recevoir,	devant vendre.

les verbes suivans :

Troisième, apercevoir.	*Quatrième*, entendre.

PRÉTÉRIT DÉFINI.

Il y a quinze jours,

Je parlai,	je crus,	je sentis.
Parlai,	credei,	sentii.
Parlasti,	credesti,	sentisti.
Parlò,	credè,	sentì.
Parlammo,	credemmo,	sentimmo.
Parlaste,	credeste,	sentiste.
Parlarono,	crederono.	sentirono.

FUTUR.

Dans un mois,

Quand je parlerai, *ou* si je parle,	je croirai, *ou* si je crois,	je sentirai, *ou* si je sens.
Quando *ou* se parlerò,	crederò,	sentirò.
Parlerai,	crederai,	sentirai.
Parlerà,	crederà,	sentirà.
Parleremo,	crederemo,	sentiremo.
Parlerete,	crederete,	sentirete.
Parleranno,	crederanno,	sentiranno.

CONDITIONNEL PRÉSENT.

Si jè pouvais,

Je parlerais,	je croirais,	je sentirais.
Parlerei,	crederei,	sentirei.
Parleresti,	crederesti,	sentiresti.
Parlerebbe,	crederebbe,	sentirebbe.
Parleremmo,	crederemmo,	sentiremmo.
Parlereste,	credereste,	sentireste.
Parlerebbero,	crederebbero,	sentirebbero.

IMPÉRATIF.

Parle,	crois,	sens.
Parla,	credi,	senti.
Parli,	creda,	senta.
Parliamo,	crediamo,	sentiamo.
Parlate,	credete,	sentite.
Parlino,	credano,	sentano.

SUBJONCTIF PRÉSENT.

Il faut, il faudra

Que je Parle,	que je croie,	que je sente.
Che Parli,	che creda,	che senta.
Parli,	creda,	senta.
Parli,	creda,	senta.
Parliamo,	crediamo,	sentiamo
Parliate,	crediate,	sentiate.
Parlino,	credano,	sentano.

IMPARFAIT DU SUBJONCTIF.

Il fallait, il fallut hier, il a fallu ce matin, il faudrait

Que je Parlasse,	que je crusse,	que je sentisse.
Che Parlassi,	che credessi,	che sentissi.
Parlassi,	credessi,	sentissi.
Parlasse,	credesse,	sentisse.
Parlassimo,	credessimo,	sentissimo.
Parlaste,	credeste,	sentiste.
Parlassero,	credessero,	sentissero.

PARTICIPE PRÉSENT.

Parlant *ou* en parlant,	croyant *ou* en croyant,	sentant *ou* en sentant.
Parlando,	credendo,	sentendo.
Col parlare,	col credere,	col sentire.
Nel parlare,	nel credere,	nel sentire.
In parlare,	in credere,	in sentire.

PARTICIPE PASSÉ.

Parlé, ée, és, ées,	cru, ue, us, ues,	senti, ie, is, ies.
Parlato, ta, ti, te,	creduto, ta, ti, te,	sentito, ta, ti, te.

FUTUR.

Qui doit parler,	qui doit croire,	qui doit sentir.
Che ha da parlare,	che ha da credere,	che ha da sentire.

Ainsi se conjuguent les verbes suivans :

Ire Cantare, *chanter.*	IIe Temere, *craindre.*	IIIe Servire, *servir.*

Les verbes terminés par *lere*, *nere*, *nire*, forment leur futur, en changeant ces trois désinences en *rrò*; et ils forment leur conditionnel présent, en changeant *rrò* en *rrei* :

Vouloir, *volere;* futur, *vorrò;* conditionnel présent, *vorrei.*
Tenir, *tenere;* futur, *terrò;* conditionnel présent, *terrei.*
Venir, *venire;* futur, *verrò;* conditionnel présent, *verrei.*

Tableau synoptique de la conjugaison des temps simples des verbes espagnols.

INFINITIF.

Ire Cantar, *chanter.*	IIe Temer, *craindre.*	IIIe Partir, *partager.*

INDICATIF PRÉSENT.

Je chante.	je crains,	je partage.
Canto,	temo,	parto.
Cantas,	temes,	partes.
Canta,	teme,	parte.
Cantamos,	tememos,	partimos.
Cantais,	temeis,	partis.
Cantan,	temen,	parten.

IMPARFAIT.

Je chantais,	je craignais,	je partageais.
Cantaba,	temia,	partia.
Cantabas,	temias,	partias.
Cantaba,	temia,	partia.
Cantábamos,	temíamos,	partíamos.
Cantábais,	temíais,	partíais.
Cantaban,	temian,	partian.

PRÉTÉRIT DÉFINI.

Hier

Je chantai,	je craignis,	je partageai.
Canté,	temí,	parti.
Cantaste,	temiste,	partiste.
Cantó,	temió,	partió.
Cantámos,	temímos,	partímos.
Cantásteis,	temísteis,	partísteis.
Cantáron,	temiéron,	partiéron.

FUTUR.

Demain

Je chanterai,	je craindrai,	je partagerai.
Cantaré,	temeré,	partiré.
Cantarás,	temerás,	partirás.
Cantará,	temerá,	partirá.
Cantarémos,	temerémos,	partirémos.
Cantaréis,	temeréis,	partiréis.
Cantarán,	temerán,	partirán.

FUTUR.

Précédé de quand *ou de* si.

Quand je *Ou* si je	Chanterai, Chante,	je craindrai, *ou* si je crains,	je partagerai. *ou* si je partage.
Quando *Ou* si	Cantáre,	temiére,	partiére.
	Cantáres,	temiéres,	partiéres.
	Cantáre,	temiére,	partiére.
	Cantáremos,	temiéremos,	partiéremos.
	Cantáreis,	temiéreis,	partiéreis.
	Cantáren,	temiéren,	partiéren.

CONDITIONNEL PRÉSENT.

Si je pouvais,

Je chanterais,		je craindrais,		je partagerais,	
Cantaria,	*et* cantára,	temeria,	*et* temiera,	partiria,	*et* partiera.
Cantarias,	cantáras,	temerias,	temieras,	partirias,	partieras.
Cantaria,	cantára,	temeria,	temiera,	partiria,	partiera.
Cantaríamos,	cantáramos,	temeríamos,	temiéramos,	partiríamos,	partiéramos.
Cantaríais,	cantárais,	temeríais,	temiérais,	partiríais,	partiérais.
Cantarian,	cantáran,	temerian,	temieran,	partirian,	partieran.

IMPÉRATIF.

Chante,	crains,	partage.
Canta tú,	teme tú,	parte tú.
Cante el,	tema el,	parta el.
Cantemos nosotros,	temamos nosotros,	partamos nosotros.
Cantad vosotros,	temed vosotros,	partid vosotros.
Canten ellos,	teman ellos,	partan ellos.

SUBJONCTIF PRÉSENT.

Il faut, il faudra

Que je Chante,	que je craigne,	que je partage.
Que Cante,	que tema,	que parta.
Cantes,	temas,	partas.
Cante,	tema,	parta.
Cantemos,	temamos,	partamos.
Canteis,	temais,	partais.
Canten,	teman,	partan.

IMPARFAIT SUBJONCTIF.

Il fallait, il fallut hier, il a fallu ce matin, il faudrait

Que je Chantasse,	que je craignisse,	que je partageasse.
Que Cantase,	que temiese,	que partiese.
Cantases,	temieses,	partieses.
Cantase,	temiese,	partiese.
Cantásemos,	temiésemos,	partiésemos.
Cantáseis,	temiéseis,	partiéseis.
Cantasen,	temiesen,	partiesen.

PARTICIPE PRÉSENT.

Chantant *ou* en chantant,	craignant *ou* en craignant,	partageant *ou* en partageant,
Cantando,	temiendo,	partiendo.

PARTICIPE PASSÉ.

Chanté, ée, és, ées,	craint, ainte, aints, aintes,	partagé, ée, és, ées.
Cantado, ada, ados, adas,	temido, ida, idos, idas,	partido, ida, idos, idas.

FUTUR.

Devoir chanter,	devoir craindre,	devoir partager.
Haber de cantar,	haber de temer,	haber de partir.

Ainsi se conjuguent les verbes suivans :

Ire Genar, *souper*.	IIe Responder, *répondre*.	IIIe Combatir, *combattre*.

Tableau synoptique de la conjugaison des temps simples des verbes portugais.

INFINITIF.

Ire Provar, *prouver.*	IIe Vender, *vendre.*	IIIe Admittir, *admettre.*

INDICATIF PRÉSENT.

Je prouve,	je vends,	j'admets.
Provo,	vendo,	admitto.
Provas,	vendes,	admittes.
Prova,	vende,	admitte.
Provamos,	vendemos,	admittimos.
Provais,	vendeis,	admittis.
Provão,	vendem,	admittem.

IMPARFAIT.

Je prouvais,	je vendais,	j'admettais.
Provava,	vendia,	admittia.
Provavas,	vendias,	admittias.
Provava,	vendia,	admittia.
Provávamos,	vendíamos,	admittíamos.
Provaveis,	vendieis,	admittieis.
Provavão,	vendião,	admittião.

PRÉTÉRIT DÉFINI.

Il y a huit jours,

Je prouvai,	je vendis,	j'admis.
Provei,	vendi,	admitti.
Provaste,	vendeste,	admittiste.
Provou,	vendeo,	admittio.
Provámos,	vendemos,	admittimos.
Provastes,	vendestes,	admittistes.
Provárão,	venderão,	admittirão.

FUTUR.

Demain

Je prouverai,	je vendrai,	j'admettrai.
Provarei,	venderei,	admittirei.
Provarás,	venderás,	admittirás.
Provará,	venderá,	admittirá.
Provaremos,	venderemos,	admittiremos.
Provareis,	vendereis,	admittireis.
Provaráõ,	venderaõ,	admittiráõ.

FUTUR.

Précédé de quand *ou de* si.

Quand je Prouverai,	quand je vendrai,	quand j'admettrai.
Ou si je Prouve,	*ou* si je vends,	*ou* si j'admets.
Quando *ou* se Provar,	quando *ou* se vender,	quando *ou* se admittir.
Provares,	venderes,	admittires.
Provar,	vender,	admittir.
Provarmos,	vendermos,	admittirmos.
Provardes,	venderdes,	admittirdes.
Provarem,	venderem,	admittirem.

CONDITIONNEL PRÉSENT.

Si je pouvais,

Je prouverais,		je vendrais,		j'admettrais.	
Provaria, *et*	provára,	venderia, *et*	vendera,	admittiria, *et*	admittira.
Provarias,	próvaras,	venderias,	venderas,	admittírias,	admittiras.
Provaria,	provára,	venderia,	vendera,	admittiria,	admittira.
Provaríamos,	provára mos,	venderíamos,	venderamos,	admittíriamos,	admittíramos.
Provaríeis,	prováreis,	venderíeis,	vendereis,	admittirieis,	admittireis.
Provariāo,	provárāo,	venderiāo,	venderāo,	admittiriāo,	admittiraõ.

IMPÉRATIF.

Prouve,	vends,	admets.
Prova-tu,	vende-tu,	admitte-tu.
Prova elle,	venda elle,	admitta elle.
Provemos nos,	vendamos nos,	admittamos nos.
Provai-vós,	vendei-vós,	admitti-vós.
Provem elles[1],	vendão elles,	admittão elles.

SUBJONCTIF PRÉSENT.*

Il faut, il faudra

Que je Prouve,	que je vende,	que j'admette.
Que Prove,	que venda,	que admitta.
Proves,	vendas,	admittas.
Prove,	venda,	admitta.
Provemos,	vendamos,	admittamos.
Proveis,	vendais,	admittais.
Provem,	vendāo,	admittāo.

IMPARFAIT SUBJONCTIF.

Il fallait, il fallut hier, il a fallu ce matin, il faudrait

Que je Prouvasse,	que je vendisse,	que j'admisse.
Que Provasse,	que vendesse,	que admittisse.

Que Provasses,	que vendesses,	que admittisses.
Provasse,	vendesse,	admittisse.
Provássemos,	vendessemos,	admittíssemos.
Provasseis,	vendesseis,	admittisseis.
Provassem,	vendessem,	admittissem.

PARTICIPE PRÉSENT.

Prouvant *ou* en prouvant,	vendant *ou* en vendant,	admettant *ou* en admettant.
Provando.	vendendo,	admittindo.

PARTICIPE PASSÉ.

Prouvé, *ée*, *és*, *ées*,	vendu, ue, us, ues,	admis, ise, is, ises.
Provado, ada, ados, adas,	vendido, ida, idos, idas,	admittido, ida, idos, idas.

FUTUR.

Devoir prouver,	devoir vendre,	devoir admettre.
Haver de provar,	haver de vender,	haver de admittir.

Ainsi se conjuguent les verbes suivans :

Ire Amar, *aimer.*	IIe Defender, *défendre.*	IIIe Applaudir, *applaudir.*

Tableau synoptique de la conjugaison des temps simples des verbes anglais.

INFINITIF.

To love, aimer.

PARTICIPE PRÉSENT.

Loving, aimant.

PARTICIPE PASSÉ (*invariable*).

Loved, aimé, aimée, aimés, aimées.

INDICATIF PRÉSENT.

J'aime,	I love,	or I do love,	or I am loving.
Tu aimes,	thou lovest,	thou dost love,	thou art loving.
Il aime,	he loves,	he does love,	he is loving.
Nous aimons,	we love,	we do love,	we are loving.
Vous aimez,	you love,	you do love,	you are loving.
Ils *ou* elles aiment,	they love,	they do love,	they are loving.

IMPARFAIT ET PRÉTÉRIT DÉFINI.

J'aimais, *ou* j'aimai,	I loved,	or I did love,	or I was loving.
Tu aimais,	tu aimas,	thou lovedst,	thou didst love,	thou wast loving.
Il aimait,	il aima,	he loved,	he did love,	he was loving.
Nous aimions,	nous aimâmes,	we loved,	we did love,	we were loving.
Vous aimiez,	vous aimâtes,	you loved,	you did love,	you were loving.
Ils aimaient,	ils aimèrent,	they loved,	they did love,	they were loving.

FUTUR.

J'aimerai,	I will,	or I shall love.
Tu aimeras,	thou wilt,	thou shalt love.
Il aimera,	he will,	he shall love.
Nous aimerons,	we will,	we shall love.
Vous aimerez,	you will;	you shall love.
Ils aimeront,	they will,	they shall love.

CONDITIONNEL PRÉSENT.

Si je pouvais,

J'aimerais,	I could,	or should,	or would	love.
Tu aimerais,	thou could'st,	should'st,	would'st	love.
Il aimerait,	he could,	should,	would	love.
Nous aimerions.	we could,	should,	would	love.
Vous aimeriez,	you could,	should,	would	love.
Ils aimeraient,	they could,	should,	would	love.

IMPÉRATIF.

Aime,	love thou,
Qu'il aime,	let him love,
Qu'elle aime,	let her love.
Aimons,	let us love.
Aimez,	love.
Qu'ils *ou* qu'elles aiment,	let them love.

SUBJONCTIF PRÉSENT.

Il faut, il faudra

Que j'aime,	that I may love.
Que tu aimes,	thou mayest love.
Qu'il aime,	he may love.
Que nous aimions,	we may love.
Que vous aimiez,	you may love.
Qu'ils aiment,	they may love.

IMPARFAIT

Il fallait, il fallut hier, il a

Que j'aimasse,	that I might love.
Que tu aimasses,	thou mightest love.
Qu'il aimât,	he might love.

Ainsi se conjuguent

To abandon, *abandonner,*

TEMPS

Dans la voix active, ils sont formés de l'auxiliaire *avoir;* et dans la voix

VOIX

PRÉTÉRIT

Français.	*Italien.*	*Espagnol.*
J'ai estimé,	ho stimato,	he estimado,

PRÉTÉRIT

J'eus estimé,	ebbi stimato,	hube estimado,

PLUSQUE-

J'avais estimé,	aveva stimato,	habia estimado,

FUTUR

J'aurai estimé, Quand j'aurai *ou* si j'ai estimé,	avrò stimato, quando *ou* se avrò stimato,	habré estimado, si hubiere estimado,

CONDITIONNEL

J'aurais estimé,	avrei stimato,	habria et hubiera estimado,

PRÉTÉRIT DU

Il aura

Que j'aie estimé,	che abbia stimato,	que haya estimado,

SUBJONCTIF.

fallu ce matin, il faudrait

que nous aimassions,	we might love.
que vous aimassiez,	you might love.
qu'ils aimassent,	they might love.

les verbes suivans :

to plant, *planter*, etc.

COMPOSÉS.

passive, de l'auxiliaire *être* suivi d'un participe passé.

ACTIVE.

INDÉFINI.

Portugais.	*Anglais.*
tenho estimado,	I have esteemed.

ANTÉRIEUR.

tive estimado,	I had esteemed, etc.

PARFAIT.

tinha estimado,	I had esteemed, etc.

PASSÉ.

terei estimado,	I shall or will have esteemed, etc.
se tivér estimado,	if I have esteemed.

PASSÉ.

teria et tivera estimado,	I should or would have esteemed, etc.

SUBJONCTIF.

fallu

que tenha estimado,	that I may have esteemed, etc.

PLUSQUE-PARFAIT

Il avait, il aurait

Français.	*Italien.*	*Espagnol.*
Que j'eusse estimé,	che avessi stimato,	que hubiese estimado,

VOIX

PRÉTÉRIT

J'ai été estimé,	sono stato stimato,	he sido estimado,

PRÉTÉRIT

J'eus été estimé,	fui stato stimato,	hube sido estimado,

PLUSQUE-

J'avais été estimé,	era stato stimato,	habia sido estimado,

FUTUR

J'aurai été estimé, Quand j'aurai été estimé, *ou* si j'ai été estimé,	sarò stato stimato, quandò *ou* se sarò stato stimato,	habré sido estimado, si hubiere sido estimado,

CONDITIONNEL

J'aurais été estimé,	sarei stato stimato,	habria et hubiera sido estimado,

PRÉTÉRIT DU

Il aura

Que j'aie été estimé,	che sia stato stimato,	que haya sido estimado,

PLUSQUE-PARFAIT

Il avait, il aurait

Que j'eusse été estimé,	che fossi stato stimato,	que hubiese sido estimado,

DU SUBJONCTIF.

ou *il eût fallu.*

Portugais.	*Anglais.*
que tivesse estimado,	that I might have esteemed, etc.

PASSIVE.

INDÉFINI.

tenho sido estimado,	I have been esteemed, etc.

ANTÉRIEUR.

tive sido estimado, etc.,	I had been esteemed, etc.

PARFAIT.

tinha sido estimado,	I had been esteemed, etc.

PASSÉ.

terei sido estimado,	I shall or will have been esteemed, etc.
se tivér sido estimado,	if I have been esteemed, etc.

PASSÉ.

teria et tivera sido estimado;	I should or would have been esteemed, etc.

SUBJONCTIF.

fallu.

que tenha sido estimado,	that I may have been esteemed, etc.

DU SUBJONCTIF.

ou *il eût fallu.*

que tivesse sido estimado,	that I might have been esteemed, etc.

Conjugaison des verbes

TEMPS

Ils se conjuguent comme ceux des verbes actifs, et pronoms conjonctifs *me, te, se, nous, vous, se.* En an-

INDICATIF

Français.	*Italien.*	*Espagnol.*
Je m'oblige,	io mi obbligo,	yo me obligo,
Tu t'obliges,	tu ti obblighi,	tú te obligas,
Il s'oblige,	egli si obbliga,	aquel se obliga,
Elle s'oblige,	ella si obbliga,	aquella se obliga,
Nous nous obligeons,	noi ci obblighiamo,	nos nos obligamos,
Vous vous obligez,	voi vi obbligate,	vos os obligais,
Ils s'obligent,	eglino si obbligano,	aquellos se obligan,
Elles s'obligent,	elleno si obbligano,	aquellas se obligan,

IMPARFAIT.

Je m'obligeais,	mi obbligava,	me obligaba,
Tu t'obligeais,	ti obbligavi,	te obligabas,
Il s'obligeait,	si obbligava,	se obligaba,
Nous nous obligions,	ci obbligavamo,	nos obligábamos,
Vous vous obligiez,	vi obbligavate,	os obligábais,
Ils s'obligeaient,	si obbligavano,	se obligaban,

PRÉTÉRIT

Il y a

Je m'obligeai,	mi obbligai,	me obligué,
Tu t'obligeas,	ti obbligasti,	te obligaste,
Il s'obligea,	si obbligò,	se obligò,
Nous nous obligeâmes,	ci obbligammo,	nos obligámos,
Vous vous obligeâtes,	vi obbligaste,	os obligásteis,
Ils s'obligèrent,	si obbligarono,	se obligáron,

FUTUR.

Je m'obligerai,	mi obbligherò,	me obligaré,
Tu t'obligeras,	ti obbligherai,	te obligarás,
Il s'obligera,	si obbligherà,	se obligará,
Nous nous obligerons,	ci obbligheremo,	nos obligarémos,
Vous vous obligerez,	vi obbligherete,	os obligaréis,
Ils s'obligeront,	si obbligheranno,	se obligarán,

réfléchis et réciproques.

SIMPLES.

ils diffèrent de ceux-ci, en ce qu'ils sont précédés des glais, on transpose le pronom conjonctif après le verbe.

PRÉSENT.

Portugais.	*Anglais.*
eu me obrigo,	I oblige myself.
tu te obrigas,	thou obligest thyself.
elle se obriga,	he obliges himself.
ella se obriga,	she obliges herself.
nós nos obrigamos,	we oblige ourselves.
vós vos obrigais,	you oblige yourselves.
elles se obrigão,	they oblige themselves.
ellas se obrigão,	they oblige themselves.

IMPARFAIT.

me obrigava,	I obliged myself.
te obrigavas,	thou obligedst thyself.
se obrigava,	he obliged himself.
nos obrigávamos,	we obliged ourselves.
vos obrigaveis,	you obliged yourselves.
se obrigavão,	they obliged themselves.

DÉFINI.

huit jours,

me obriguei,	I obliged myself.
te obrigaste,	thou obligedst thyself.
se obrigou,	he obliged himself.
nos obrigámos,	we obliged ourselves.
vos obrigastes,	you obliged yourselves.
se obrigárão,	they obliged themselves.

FUTUR.

me obrigarei,	I shall or will oblige myself.
te obrigarás,	thou shalt or wilt oblige thyself.
se obrigará,	he shall or will oblige himself.
nos obrigaremos,	we shall or will oblige ourselves.
vos obrigareis,	you shall or will oblige yourselves.
se obrigarão,	they shall or will oblige themselves.

CONDITIONNEL

Si je

Français.	*Italien.*	*Espagnol.*
Je m'obligerais,	mi obbligherei,	me obligaria,
Tu t'obligerais,	ti obbligheresti,	te obligarias,
Il s'obligerait,	si obbligherebbe,	se obligaria,
Nous nous obligerions,	ci obbligheremmo,	nos obligaríamos,
Vous vous obligeriez,	vi obblighereste,	os obligaríais,
Ils s'obligeraient,	si obbligherebbero,	se obligarian,

IMPÉRATIF.

Oblige-toi,	o liga tu,	obliga-te,
Qu'il s'oblige,	o lighi egli,	obligué-se,
Obligeons-nous,	o lighiamoci,	obliguémo-nos,
Obligez-vous,	o ligatevi.	obliga-os,
Qu'ils s'obligent,	o lighino eglino,	obliguen-se,

SUBJONCTIF

Il faut,

Que je m'oblige,	che mi obblighi,	que me obligue,
Que tu t'obliges,	che ti obblighi,	que te obligues,
Qu'il s'oblige,	che si obblighi,	que se obligue,
Que nous nous obligions,	che ci obblighiamo,	que nos obliguemos,
Que vous vous obligiez,	che vi obblighiate,	que os obligueis,
Qu'ils s'obligent,	che si obblighino,	que se obliguen,

IMPARFAIT

Il fallait, il fallut hier, il a

Que je m'obligeasse,	che mi obbligassi,	que me obligase,
Que tu t'obligeasses,	che ti obbligassi,	que te obligases,
Qu'il s'obligeât,	che si obbligasse,	que se obligase,
Que nous nous obligeassions,	che ci obbligassimo,	que nos obligásemos,
Que vous vous obligeassiez,	che vi obbligaste,	que os obligáseis,
Qu'ils s'obligeassent,	che si obbligassero,	que se obligasen,

TEMPS

En français et en italien, ils se conjuguent avec le glais, ils se conjuguent avec le verbe *avoir*.

PRÉTÉRIT

Français.	*Italien.*	*Espagnol.*
Je me suis obligé,	io mi sono obbligato.	yo me he obligado,

PRÉSENT.

pouvais,

Portugais.	*Anglais.*
me obrigaria,	I should or would oblige myself.
te obrigarias,	thou should'st or would'st oblige thyself.
se obrigaria,	he should or would oblige himself.
nos obrigaríamos,	we should or would oblige ourselves.
vos obrigaríeis,	you should or would oblige yourselves.
se obrigarião,	they should or would oblige themselves.

IMPÉRATIF.

obriga-te tu,	oblige thyself.
obriga-se elle,	let him oblige himself.
obriguemo-nós nos,	let us oblige ourselves.
obrigai-vós vos,	oblige yourselves.
obriguem-se elles,	let them oblige themselves.

PRÉSENT.

il faudra

que me obrigue,	that I may oblige myself.
que te obrigues,	that thou mayest oblige thyself.
que se obrigue,	that he may oblige himself.
que nos obriguemos,	that we may oblige ourselves.
que vos obrigueis,	that you may oblige yourselves.
que se obriguem,	that they may oblige themselves.

DU SUBJONCTIF.

fallu ce matin, il faudrait

que me obrigasse,	that I might oblige myself.
que te obrigasses,	that thou mightest oblige thyself.
que se obrigasse,	that he might oblige himself.
que nos obrigassemos,	that we might oblige ourselves.
que vos obrigasseis,	that you might oblige yourselves.
que se obrigassem,	that they might oblige themselves.

COMPOSÉS.

verbe *être*; mais en espagnol, en portugais et en an-

INDÉFINI.

Portugais.	*Anglais.*
eu me tenho obrigado,	have obliged myself, etc.

PLUSQUE-

Français.	*Italien.*	*Espagnol.*
Je m'étais obligé,	io mi era obbligato,	yo me habia obligado,

FUTUR

Je me serai obligé,	io mi sarò obbligato,	yo me habré obligado.

CONDITIONNEL

Je me serais obligé,	io mi sarei obbligato,	yo me habria obligado,

PRÉTÉRIT DU

Il aura

Que je me sois obligé,	che io mi sia obbligato,	que yo me haya obligado,

PLUSQUE-

Il avait, il aurait

Que je me fusse obligé,	che io mi fossi obbligato,	que yo me hubiese obligado,

INFINITIF.

S'obliger,	obbligarsi,	obligarse,

PARTICIPE

S'obligeant,	obbligandosi, *ou* coll', nell', in obbligarsi,	obligandose,

PARTICIPE

S'étant obligé,	essendosi obbligato,	habiendose obligado,

VERBES

Français.	*Latin.*	*Italien.*
Il pleut,	pluit,	piove,

Je n'ai pas compris les verbes latins dans le tableau simples et composés des verbes italiens, espagnols, personnels et l'auxiliaire *avoir* ne s'expriment point. Ce qui marquent les différences des nombres, des per-

PARFAIT.

Portugais,	*Anglais.*
eu me tinha obrigado,	I had obliged myself, etc.

PASSÉ.

eu me terei obrigado,	I shall or will have obliged myself, etc.

PASSÉ.

eu me teria obrigado,	I should or would have obliged myself, etc.

SUBJONCTIF.

fallu

que eu me tenha obrigado,	that I may have obliged myself, etc.

PARFAIT.

ou *il eût fallu*

que eu me tivesse obrigado,	that I might have obliged myself, etc.

INFINITIF.

obrigarse,	to oblige ones'self.

PRÉSENT.

obrigandose,	obliging ones'self.

PASSÉ.

tendose obrigado,	having obliged ones'self.

IMPERSONNELS.

Espagnol.	*Portugais.*	*Anglais.*
llueve,	chove,	it rains, etc.

synoptique que j'ai donné de la conjugaison des temps tugais et anglais; parce qu'en latin, les pronoms per- sont les diverses terminaisons ou désinences du verbe sonnes, des temps, et des voix active et passive.

Il y a quatre conjugaisons :

La première est terminée en *āre* long; *cantāre*, chanter.
La seconde est terminée en *ēre* long; *monēre*, avertir.
La troisième est terminée en *ĕre* bref; *pingĕre*, peindre.
La quatrième est terminée en *īre* long; *audīre*, écouter.

Tableau synoptique de la conjugaison des temps simples des verbes actifs et neutres.

Ils se forment en ajoutant à la consonne qui précède les désinences de l'infinitif, *āre*, *ēre*, *ĕre*, *īre*, les terminaisons suivantes :

INDICATIF PRÉSENT.

1 Je chante,	cant-o,	as,	at,	amus,	atis,	ant.
2 J'avertis,	mon-eo,	es,	et,	emus,	etis,	ent.
3 Je peins,	ping-o,	is,	it,	imus,	itis,	unt.
4 J'écoute,	audi-o,	is,	it,	imus,	itis,	iunt.

IMPARFAIT.

1 Je chantais,	cant-abam,	abas,	abat,	abamus,	abatis,	abant.
2 J'avertissais,	mon-ebam,	ebas,	ebat,	ebamus,	ebatis,	ebant.
3 Je peignais,	ping-ebam,	ebas,	ebat,	ebamus,	ebatis,	ebant.
4 J'écoutais,	aud-iebam,	iebas,	iebat,	iebamus,	iebatis,	iebant.

FUTUR.

1 Je chanterai,	cant-abo,	abis,	abit,	abimus,	abitis,	abunt.
2 J'avertirai,	mon-ebo,	ebis,	ebis,	ebimus,	ebitis,	ebunt.
3 Je peindrai,	ping-am,	es,	et,	emus,	etis,	ent.
4 J'écouterai,	aud-iam,	ies,	iet,	iemus,	ietis,	ient.

CONDITIONNEL PRÉSENT ET IMPARFAIT DU SUBJONCTIF.

1 Je chanterais *ou*	que je chantasse,	cant-arem,	ares,	aret,	aremus,	aretis,	arent.
2 J'avertirais,	que j'avertisse,	mon-erem,	eres,	eret,	eremus,	eretis,	erent.
3 Je peindrais,	que je peignisse,	ping-erem,	eres,	eret,	eremus,	eretis,	erent.
4 J'écouterais,	que j'écoutasse,	aud-irem,	ires,	iret,	iremus,	iretis,	irent.

IMPÉRATIF.

1 Chante,	cant-a *ou*	ato,	ato ille,	emus,	ate *ou*	atote,	anto.
2 Avertis,	mon-e	eto,	eto ille,	eamus,	ete	etote,	ento.
3 Peins,	ping-e	ito,	ito ille,	amus,	ite	itote,	unto.
4 Écoute,	aud-i	ito,	ito ille,	iamus,	ite	itote,	iunto.

SUBJONCTIF PRÉSENT.

Il faut, il faudra que

1 Je chante,	ut cant-em,	es,	et,	emus,	etis,	ent.
2 J'avertisse,	ut mon-eam,	eas,	eat,	eamus,	eatis,	eant.
3 Je peigne,	ut ping-am,	as,	at,	amus,	atis,	ant.
4 J'écoute,	ut aud-iam,	ias,	iat,	iamus,	iatis,	iant.

Tableau synoptique de la conjugaison des temps composés des verbes réguliers et irréguliers.

Ils se forment du prétérit défini, toujours terminé en *i*, en substituant à l'*i* les désinences suivantes :

PRÉTÉRIT DÉFINI, INDÉFINI, ANTÉRIEUR.

1 Hier je chantai, ce matin j'ai chanté, quand j'eus chanté, cantav-i, isti, it, imus, istis, ērunt *ou* ēre.
2 J'avertis, j'ai averti, j'eus averti, monu-i, isti, it, imus, istis, ērunt *ou* ēre.
3 Je peignis, j'ai peint, j'eus peint, pinx-i, isti, it, imus, istis, ērunt ēre.
4 J'écoutai, j'ai écouté, j'eus écouté, audiv-i, isti, it, imus, istis, ērunt ēre.

PLUSQUE-PARFAIT.

1 J'avais chanté,	cantav-eram,	eras,	erat,	eramus,	eratis,	erant.
2 J'avais averti,	monu-eram,	eras,	erat,	eramus,	eratis,	erant.
3 J'avais peint,	pinx-eram,	eras,	erat,	eramus,	eratis,	erant.
4 J'avais écouté,	audiv-eram,	eras,	erat,	eramus,	eratis,	erant.

FUTUR PASSÉ.

1 J'aurai chanté,	cantav-ero,	eris,	erit,	erimus,	eritis,	erint.
2 J'aurai averti,	monu-ero,	eris,	erit,	erimus,	eritis,	erint.
3 J'aurai peint,	pinx-ero,	eris,	erit,	erimus,	eritis,	erint.
4 J'aurai écouté,	audiv-ero,	eris,	erit,	erimus,	eritis,	erint.

PRÉTÉRIT DU SUBJONCTIF.

Il aura fallu que

1 J'aie chanté,	ut cantav-erim,	eris,	erit,	erimus,	eritis,	erint.
2 J'aie averti,	ut monu-erim,	eris,	erit,	erimus,	eritis,	erint.
3 J'aie peint,	ut pinx-erim,	eris,	erit,	erimus,	eritis,	erint.
4 J'aie écouté,	ut audiv-erim,	eris,	erit,	erimus,	eritis,	erint.

CONDITIONNEL PASSÉ ET PLUSQUE-PARFAIT DU SUBJONCTIF.

1 J'aurais *ou* que j'eusse chanté, cantav-issem, isses, isset, issemus, issetis, issent.
2 J'aurais que j'eusse averti, monu-issem, isses, isset, issemus, issetis, issent.
3 J'aurais que j'eusse peint, pinx-issem, isses, isset, issemus, issetis, issent.
4 J'aurais que j'eusse écouté, audiv-issem, isses, isset, issemus, issetis, issent.

INFINITIF, PRÉSENT ET IMPARFAIT.

1 Chanter *ou* qu'il chantait, cantāre.
2 Avertir qu'il avertissait, monēre.
3 Peindre qu'il peignait, pingĕre.
4 Écouter qu'il écoutait, audīre.

PRÉTÉRIT ET PLUSQUE-PARFAIT.

1 Avoir chanté, qu'il a *ou* qu'il avait chanté, cantavisse.
2 Avoir averti, qu'il a qu'il avait averti, monuisse.
3 Avoir peint, qu'il a qu'il avait peint, pinxisse.
4 Avoir écouté, qu'il a qu'il avait écouté, audivisse.

FUTUR ET CONDITIONNEL PRÉSENT (*invariable*).

1 Devoir chanter, qu'il chantera *ou* qu'il chanterait, cantaturum esse.
2 Devoir avertir, qu'il avertira qu'il avertirait, moniturum esse.
3 Devoir peindre, qu'il peindra qu'il peindrait, picturum esse.
4 Devoir écouter, qu'il écoutera qu'il écouterait, auditurum esse.

CONDITIONNEL PASSÉ ET PLUSQUE-PARFAIT DU SUBJONCTIF (*variable*).

1. Qu'il aurait *ou* qu'il eût chanté, cantaturum, ram fuisse.
2 Qu'il aurait qu'il eût averti, moniturum, ram fuisse.
3 Qu'il aurait qu'il eût peint, picturum, ram fuisse.
4 Qu'il aurait qu'il eût écouté, auditurum, ram fuisse.

PARTICIPE PRÉSENT (*variable*).

1 Chantant, qui chante *ou* qui chantait, cantans, antis.
2 Avertissant, qui avertit qui avertissait, monens, entis.
3 Peignant, qui peint qui peignait, pingens, entis.
4 Ecoutant, qui écoute qui écoutait, audiens, entis.

PARTICIPE DU FUTUR (*variable*).

1 Devant chanter, qui chantera *ou* qui doit chanter, cantaturus, a, um.
2 Devant avertir, qui avertira qui doit avertir, moniturus, a, um.
3 Devant peindre, qui peindra qui doit peindre, picturus, a, um.
4 Devant écouter, qui écoutera qui doit écouter, auditurus, a, um.

SUPIN (*invariable*).

1 A chanter *ou* pour chanter, cantatum.
2 A avertir pour avertir, monitum.
3 A peindre pour peindre, pictum.
4 A écouter pour écouter, auditum.

GÉRONDIF (*invariable*).

1 De chanter,	cantandi;	en chantant,	cantando; à *ou*	pour chanter,	cantandum.
2 D'avertir,	monendi;	en avertissant,	monendo; à	pour avertir,	monendum.
3 De peindre,	pingendi;	en peignant,	pingendo; à	pour peindre,	pingendum.
4 D'écouter,	audiendi;	en écoutant,	audiendo; à	pour écouter,	audiendum.

Ainsi se conjuguent les verbes suivans :

Première conjugaison.	Laudāre,	louer;	*prétérit*, laudavi;	*supin*,	laudatum.
Deuxième.	Suadēre,	conseiller;	suasi;		suasum.
Troisième.	Legĕre,	lire;	legi,		lectum.
Quatrième.	Punīre,	punir;	punivi,		punitum.

Observations importantes sur les temps des verbes.

En latin on tutoie quand on adresse la parole à une seule personne; vous dites : *dicis.*

Si, avant l'imparfait de l'indicatif, régit l'imparfait du subjonctif : si vous voyiez, *si videres.*

Manière de distinguer l'emploi des Prétérits défini, indéfini, antérieur.

Quoique les désinences *i, isti, it*, etc., s'emploient indistinctement pour conjuguer les prétérits défini, indéfini et antérieur, l'élève qui commence à traduire ne se trompera point, pour peu qu'il fasse attention aux observations suivantes :

1° Le prétérit défini est précédé ou suivi d'un temps entièrement écoulé dont on assigne l'époque.

La semaine passée je promis, *elapsâ hebdomade promisi* (le nom de temps se met à l'ablatif).

2° Le prétérit indéfini est précédé ou suivi d'un temps qui dure encore, ou qui a rapport à un fait ou à un événement dont on ne désigne pas l'époque.

Ce matin, cette année, j'ai donné : *hoc mane, hoc anno, dedi.*

Alexandre *a vaincu* Darius : *Alexander* vicit *Darium.*

3° Le prétérit antérieur marque une chose faite avant une autre dans un temps dont il ne reste plus rien.

Quand *j'eus soupé, j'allai* me coucher : *quando* cænavi, *lectum* petivi.

Manière de distinguer l'emploi du Futur passé, de celui du Prétérit du subjonctif.

Le futur passé indique qu'une chose sera faite avant une autre.

Quand *vous aurez travaillé,* vous irez vous promener : *quando* laboraveris, *deambulabis.*

Le prétérit du subjonctif est précédé du futur passé suivi d'un *que conjonctif* qui régit le subjonctif.

Il aura fallu *que vous ayez écrit* quatre lettres, quand je reviendrai : *oportuerit* ut scripseris *quatuor litteras, quando redibo.*

Manière de distinguer le Conditionnel présent de l'Imparfait du subjonctif.

Le conditionnel présent indique qu'une chose serait moyennant une condition. *Si je pouvais*, je vous *serais* utile : *si possem,* tibi *prodessem.*

L'imparfait du subjonctif est précédé *de l'imparfait de l'indicatif*, ou *des prétérits défini* ou *indéfini*, ou *d'un conditionnel présent* suivi d'un *que conjonctif* qui régit le subjonctif.

Il fallait, il fallut hier, il a fallu ce matin, il faudrait que vous vous assissiez : *oportebat, oportuit heri, oportuit hoc mane, oporteret ut sederes.*

Manière de distinguer le Conditionnel passé du Plusque-parfait du subjonctif.

Le conditionnel passé marque qu'une chose aurait été faite, si certaine condition avait eu lieu.

Je serais venu, si je l'eusse pu : *venissem, si potuissem.*

Le plusque-parfait du subjonctif est précédé *du plusque-parfait de l'indicatif* ou *du conditionnel passé*, suivi d'un *que conjonctif* qui régit le subjonctif.

J'avais désiré, j'aurais désiré que vous eussiez reçu : *optaveram, optavissem ut recepisses.*

Le prétérit de l'infinitif, dans les verbes réguliers et irréguliers, se forme en ajoutant *sse* à la désinence *i* du prétérit défini.

Hier je donnai : *heri dedi; dedisse*, avoir donné, qu'il a ou qu'il avait donné.

Le futur de l'infinitif, dans les verbes réguliers et irréguliers, se forme du supin *um*, en changeant *um* en *urum* (variable).

Cœnatum, à souper ou pour souper ; *cœnaturum*, devoir souper, qu'il soupera ou qu'il souperait.

Quand un verbe n'a point de prétérit défini, il ne saurait avoir de plusque-parfait, de futur passé, de prétérit et de plusque-parfait du subjonctif, ni de prétérit de l'infinitif, puisque ces temps ont besoin du premier pour en être formés.

Les verbes qui n'ont point de supin n'ont ni participe passé, ni participe actif, ni futur de l'infinitif.

Il est des verbes qui ont le prétérit de l'indicatif sans avoir de supin, mais il n'y a pas de supin sans prétérit; ainsi donc les verbes qui n'ont pas de prétérit n'ont point aussi de supin.

Les verbes de la troisième conjugaison qui ont la première personne du singulier du présent de l'indicatif terminée en *io*, se conjuguent comme *audio;* excepté la seconde personne du singulier de l'impératif, qui est terminée en *e*, au lieu de l'être en *i*.

Capio, je prends; impératif, *cape*, prends; *capiat*, qu'il prenne, etc.

Le conditionnel présent et l'imparfait du subjonctif se conjuguent comme les verbes de la troisième conjugaison : *caperem*, je prendrais ou que je prisse, etc.

VERBES PASSIFS ET DÉPONENS.

Les verbes déponens ont en français la terminaison active, et en latin la terminaison passive.

Formation des temps simples des verbes passifs.

De l'actif on forme les verbes passifs, en changeant les désinences suivantes :

O en *or*, ou *m* en *r; amo*, j'aime*; amor*, je suis aimé; *amem*, que j'aime; *amer*, que je sois aimé.

S en *ris* ou en *re ; amas*, tu aimes ; *amaris* ou *amare*, tu es aimé.

Bis en *beris* ou en *bere; amabis*, tu aimeras ; *amaberis* ou *amabere*, tu seras aimé.

T en *tur; amat*, il aime ; *amatur*, il est aimé.

Mus en *mur; amamus*, nous aimons ; *amamur*, nous sommes aimés.

Tis en *mini ; amatis*, vous aimez ; *amamini*, vous êtes aimé.

Nt en *ntur; amant*, ils aiment; *amantur*, ils sont aimés.

Dans la troisième conjugaison, changez *is* en *ĕris* ou en *ĕre* à la seconde personne du singulier du présent de l'indicatif.

Legis, tu lis ; *legĕris* ou *legĕre*, tu es lu.

Dans la première, seconde et quatrième conjugaison, changez la désinence de l'infinitif *re* en *ri*, et celle de la troisième *ĕre* en *i*.

1 *Amāre*, aimer; *amāri*, être aimé.
2 *Monēre*, avertir; *monēri*, être averti.
4 *Punīre*, punir; *punīri*, être puni.
3 *Capĕre*, prendre; *capi*, être pris.

Tableau synoptique de la conjugaison des temps simples des verbes passifs et déponens.

INDICATIF PRÉSENT.

1 Je suis loué, laud-or, āris *ou* āre, atur, amur, amini, antur.
2 Je suis averti, mon-eor, ēris ēre, etur, emur, emini, entur.
3 Je suis peint, ping-or, ĕris ĕre, itur, imur, imini, untur.
4 Je suis puni, pun-ior, īris īre, itur, imur, imini, iuntur.

IMPARFAIT.

1 J'étais loué, laud-abar, abaris *ou* abare, abatur, abamur, abamini, abantur.
2 J'étais averti, mon-ebar, ebaris ebare, ebatur, ebamur, ebamini, ebantur.
3 J'étais peint, ping-ebar, ebaris ebare, ebatur, ebamur, ebamini, ebantur.
4 J'étais puni, pun-iebar, iebaris iebare, iebatur, iebamur, iebamini, iebantur.

FUTUR.

1 Je serai loué, laud-abor, aberis *ou* abere, abitur, abimur, abimini, abuntur.
2 Je serai averti, mon-ebor, eberis ebere, ebitur, ebimur, ebimini, ebuntur.
3 Je serai peint, ping-ar, eris ere, etur, emur, emini, entur.
4 Je serai puni, pun-iar, ieris iere, ietur, iemur, iemini, ientur.

IMPÉRATIF.

1 Sois loué, laud-are *ou* ator, ator ille, emur, amini, antor.
2 Sois averti, mon-ere etor, etor ille, eamur, emini, entor.
3 Sois peint, ping-ere itor, itor ille, amur, imini, untor.
4 Sois puni, pun-ire itor, itor ille, iamur, imini, iantur.

SUBJONCTIF PRÉSENT.

Il faut que, il faudra que

1 Je sois loué, ut laud-er, eris *ou* ere, etur, emur, emini, entur.
2 Je sois averti, ut mon-ear, earis eare, eatur, eamur, eamini, eantur.
3 Je sois peint, ut ping-ar, aris are, atur, amur, amini, antur.
4 Je sois puni, ut pun-iar, iaris iare, iatur, iamur, iamini, iantur.

CONDITIONNEL PRÉSENT ET IMPARFAIT DU SUBJONCTIF.

1 Je serais *ou* que je fusse loué, laud-arer, areris *ou* arere, aretur, aremur, aremini, arentur.
2 Je serais *ou* que je fusse averti, mon-erer, ereris *ou* erere, eretur, eremur, eremini, erentur.
3 Je serais *ou* que je fusse peint, ping-erer, ereris *ou* erere, eretur, eremur, eremini, erentur.
4 Je serais *ou* que je fusse puni, pun-irer, ireris *ou* irere, iretur, iremur, iremini, irentur.

Tableau synoptique de la conjugaison des temps composés.

Ils sont formés des participes passés *us*, *a*, *um*, avec les temps de l'auxiliaire *esse*.

Le plus ordinairement le participe passé précède le verbe; cependant il est quelquefois après. On dira plus souvent *doctus fuit*, il a été enseigné, que *fuit doctus;* mais enfin l'un et l'autre sont usités, ce qu'il ne faut pas oublier lorsqu'on traduit.

PRÉTÉRIT DÉFINI, INDÉFINI, ANTÉRIEUR.

Je fus, j'ai été, j'eus été loué, averti, peint, puni; sum *ou* fui laudatus, monitus, pictus, punitus, a, um, etc.

PLUSQUE-PARFAIT.

J'avais été loué, averti, peint, puni; eram *ou* fueram laudatus, monitus, pictus, punitus, etc.

FUTUR PASSÉ.

J'aurai été loué, averti, peint, puni; ero *ou* fuero laudatus, monitus, pictus, punitus, etc.

PRÉTÉRIT DU SUBJONCTIF.

Il aura fallu que

J'aie été loué, averti, peint, puni; ut sim *ou* fuerim laudatus, monitus, pictus, punitus, etc.

CONDITIONNEL PASSÉ ET PLUSQUE-PARFAIT DU SUBJONCTIF.

J'aurais été, *ou* que j'eusse été loué, averti, peint, puni; essem *ou* fuissem laudatus, monitus, pictus, punitus, etc.

INFINITIF, PRÉSENT ET IMPARFAIT.

1	Être loué,	qu'il est loué,	*ou*	qu'il était loué,	laudāri.
2	Être averti,	qu'il est averti,		qu'il était averti,	monēri.
3	Être peint,	qu'il est peint,		qu'il était peint,	pingī.
4	Être puni,	qu'il est puni,		qu'il était puni,	puniri.

PRÉTÉRIT ET PLUSQUE-PARFAIT (*variables*).

1 Avoir été loué, qu'il a été *ou* qu'il avait été loué, laudatum esse *ou* fuisse.
2 Avoir été averti, qu'il a été qu'il avait été averti, monitum esse fuisse.
3 Avoir été peint, qu'il a été qu'il avait été peint, pictum esse fuisse.
4 Avoir été puni, qu'il a été qu'il avait été puni, punitum esse fuisse.

FUTUR ET CONDITIONNEL PRÉSENT.

1 Devoir être loué, qu'il sera loué *ou* qu'il serait loué, laudatum iri (*invar.*), *ou* laudandum esse (*variable*).
2 Devoir être averti, qu'il sera averti *ou* qu'il serait averti, monitum iri (*invar.*), *ou* monendum esse (*variable*).
3 Devoir être peint, qu'il sera peint *ou* qu'il serait peint, pictum iri (*invar.*), *ou* pingendum esse (*variable*).
4 Devoir être puni, qu'il sera puni *ou* qu'il serait puni, punitum iri (*invar.*), *ou* puniendum esse (*variable*).

CONDITIONNEL PASSÉ ET PLUSQUE-PARFAIT DU SUBJONCTIF (*variable*).

1 Qu'il aurait été *ou* qu'il eût été loué, laudandum fuisse.
2 Qu'il aurait été qu'il eût été averti, monendum fuisse.
3 Qu'il aurait été qu'il eût été peint pingendum fuisse.
4 Qu'il aurait été qu'il eût été puni, puniendum fuisse.

PARTICIPE PASSÉ (*variables*).

1 Loué, laudatus, a, um.
2 Averti, monitus, a, um.
3 Peint, pictus, a, um.
4 Puni, punitus, a, um.

PARTICIPE DU FUTUR ET DU CONDITIONNEL PASSÉ (*variable*).

1 Qui sera loué *ou* qui serait loué, qui doit être loué *ou* qui devrait être loué, laudandus, a, um.
2 Qui sera averti *ou* qui serait averti, qui doit être averti *ou* qui devrait être averti, monendus, a, um.
3 Qui sera peint *ou* qui serait peint, qui doit être peint *ou* qui devrait être peint, pingendus, a, um.
4 Qui sera puni *ou* qui serait puni, qui doit être puni ou qui devrait être puni, puniendus, a, um.

SUPIN.

1 A être loué *ou* d'être loué, laudatu.
2 A être averti d'être averti, monitu.
3 A être peint d'être peint, pictu.
4 A être puni d'être puni, punitu.

Ainsi se conjuguent les verbes déponens suivans

1 Imitāri, or, *prétérit*, imitatus sum, imiter.
2 Verēri, eor, veritus sum, craindre.
3 Sequī, or, secutus sum, suivre.
4 Blandīri, ior, blanditus sum, flatter.

OBSERVATIONS.

1° Les verbes déponens ont, comme les verbes actifs, le participe présent et les gérondifs.

Precari, prier, participe présent; *precans*, priant; gérondifs, *precandi*, de prier; *precando*, en priant; *precandum*, à prier *ou* pour prier.

2° Il y a des verbes déponens qui ont le participe du futur actif, et il en est quelques-uns qui ont le participe du futur passif.

Precaturus, devant prier, qui priera *ou* qui prierait; *precandus*, qui doit être prié.

3° Il y en a qui ont le supin en *um* dans la voix active, et le supin en *u* dans la voix passive.

Precatum, aller prier; *precatu*, à être prié, *ou* d'être prié.

VERBES IMPERSONNELS.

Prés., il faut, *oportet;* imparf., il fallait, *oportebat;* prét. déf., hier il fallut; prét. indéf., il a fallu; prét. antérieur, il eut fallu, *oportuit;* plusque-parf., il avait fallu, *oportuerat;* fut., il faudra, *oportebit;* fut. pass., il aura fallu, *oportuerit;* point d'impérat.; subj. prés., qu'il faille, *oporteat;* condit. prés. et imparf. subj., il faudrait, qu'il fallût, *oporteret;* prét. du subj., qu'il ait fallu, *oportuerit;* condit. passé et plusque-parf. subj., il aurait fallu, qu'il eût fallu, *oportuisset;* prét. et plusque-parf. de l'inf., avoir fallu, qu'il a *ou* qu'il avait fallu, *oportuisse.*

Ainsi se conjuguent :

Il convient, *decet;* prétérit, *decuit.*
On trouve bon, *libet*; prétérit, *libuit* ou *libitum est.*
Il est permis, *licet;* prétérit, *licuit* ou *licitum est.*
Il est clair, *liquet*, sans prétérit ni supin.
Il plaît, *placet*, *placuit* ou *placitum est.*

Les cinq verbes suivans, quoique n'étant pas impersonnels en français, le deviennent en latin. Ils veulent à l'accusatif le nom ou le pronom qui les précède, et au génitif le nom ou le pronom qui les suit.

Me pœnitet, je me repens; *me piget*, je suis fâché; *me pudet*, j'ai honte: *me tædet*, je m'ennuie; *me miseret*, j'ai compassion; c'est comme s'il y avait: *pœnitentia me tenet*, le repentir me tient, etc.

INDICATIF PRÉSENT.

Je me repens de ma négligence,	me pœnitet meæ negligentiæ.
Tu te repens de ta négligence,	te pœnitet tuæ negligentiæ.
Il se repent de sa négligence,	illum pœnitet suæ negligentiæ.
Elle se repent de sa négligence,	illam pœnitet suæ negligentiæ.
Nous nous repentons de notre négligence,	nos pœnitet nostræ negligentiæ.
Vous vous repentez de votre négligence,	vos pœnitet vestræ negligentiæ.
Ils se repentent de leur négligence,	illos pœnitet suæ negligentiæ.
Elles se repentent de leur négligence,	illas pœnitet suæ negligentiæ.

IMPARFAIT.

Je me repentais de ma négligence,	me pœnitebat meæ negligentiæ, etc.

PRÉTÉRIT DÉFINI ET INDÉFINI.

Hier je me repentis, cette semaine je me suis repenti de ma négligence,	me pœnituit meæ negligentiæ, etc.

PLUSQUE-PARFAIT.

Je m'étais repenti de ma négligence,	me pœnituerat meæ negligentiæ, etc.

FUTUR.

Je me repentirai de ma négligence,	me pœnitebit meæ negligentiæ, etc.

FUTUR PASSÉ.

Je me serai repenti de ma négligence,	me pœnituerit meæ negligentiæ, etc.

SUBJONCTIF PRÉSENT.

Il faut, oportet; *il faudra*, oportebit.

Que je me repente de ma négligence,	ut me pœniteat meæ negligentiæ, etc.

CONDITIONNEL PRÉSENT ET IMPARFAIT DU SUBJONCTIF.

Je me repentirais *ou* que je me repentisse de ma négligence, me pœniteret meæ negligentiæ, etc.

PRÉTÉRIT DU SUBJONCTIF.

Il aura fallu, oportuerit.

Que je me sois repenti de ma négligence, ut me pœnituerit meæ negligentiæ, etc.

CONDITIONNEL PASSÉ ET PLUSQUE-PARFAIT DU SUBJONCTIF.

Je me serais *ou* que je me fusse repenti de ma négligence, me pœnituisset meæ negligentiæ, etc.

INFINITIF, PRÉSENT ET IMPARFAIT.

Se repentir, qu'il se repent, *ou* qu'il se repentait, pœnitēre.

PRÉTÉRIT ET PLUSQUE-PARFAIT.

S'être repenti, qu'il s'est *ou* qu'il s'était repenti, pœnituisse.

FUTUR ACTIF ET CONDITIONNEL PRÉSENT (*variables*).

Qui se repentira *ou* qui se repentirait, pœniturus, a, um (Salluste, Curtius, Actius).

FUTUR PASSIF (*variable*).

Dont on doit se repentir, pœnitendus, a, um (Liv.).

PARTICIPE PRÉSENT (*variable*).

Se repentant, qui se repent *ou* qui se repentait, pœnitens, entis.

GÉRONDIFS.

De se repentir, pœnitendi; en se repentant, pœnitendo; à *ou* pour se repentir, pœnitendum.

Ainsi se conjuguent les verbes suivans :

Je suis fâché, *me piget;* prétérit défini et indéfini, je fus *ou* j'ai été fâché, *me piguit*, ou *me pigitum est*, de mon imprudence, *meæ imprudentiæ*, etc.

J'ai honte, *me pudet;* prétérit défini et indéfini,

j'eus honte *ou* j'ai eu honte, *me puduit*, ou *me puditum est*, de ma paresse, *meæ pigritiæ*, etc.

Je m'ennuie, *me tædet;* prétérit défini et indéfini, je m'ennuyai, *ou* je me suis ennuyé, *me tæduit*, de ma solitude, *meæ solitudinis;* sans futur actif, sans conditionnel présent et sans futur passif de l'infinitif; participe passé, *pertæsus* (Plaute, Suétone).

J'ai compassion, *me miseret;* prétérit défini et indéfini, j'eus *ou* j'ai eu compassion, *me misertum est*, des pauvres, *pauperum;* sans futur actif, sans conditionnel présent et sans futur passif de l'infinitif.

5° DU PARTICIPE.

Il y a deux sortes de participes : *le participe présent et le participe passé.*

Le participe présent, toujours terminé en *ant*, est invariable.

Il se distingue de l'adjectif dérivé du verbe, en ce qu'il exprime une action, et qu'il a un régime exprimé ou sous-entendu, *qui* ou *quoi?* au lieu que l'adjectif exprime simplement une modification du susbtantif.

On voit toujours ces enfans *jouant* et jamais *travaillant.*

On voit toujours ces dames *obligeant*, et *prévenant* tout le monde de la manière la plus gracieuse.

Votre tante est une personne *méritante*, *obligeante* et *prévenante.*

Les participes suivans rentrent dans la classe des adjectifs, et ne sont guère usités qu'au barreau :

Appartenant, *approchant*, *attenant*, *demeurant*, *dépendant*, *jouissant*, *répugnant*, *tendant* et *usant.*

Le participe passé est ainsi nommé, parce qu'il participe de la nature du verbe, et qu'il en a la signification et le régime; il est toujours précédé d'un des auxiliaires *avoir* ou *être.*

J'ai vu, *nous sommes surpris* ou *surprises.*

PARTICIPE PRÉSENT.

Français.	*Latin.*	*Italien.*
Ant,	ando, endo, iendo,	ando, endo, iendo, *ou coll'*, *nell'*, *in*, placé avant les infinitifs *are*, *ere*, *ire*.
Espagnol.	*Portugais.*	*Anglais.*
Ando, iendo,	ando, endo.	ing.

PARTICIPE PASSÉ.

Le participe passé des verbes passifs et neutres, précédé d'un des temps de l'auxiliaire *être*, est toujours variable; c'est-à-dire, s'accorde en genre et en nombre avec le sujet ou le nominatif du verbe, *qui est-ce qui?*

Français.	*Latin*	*Italien.*
É, ée, és, ées,	us, a, um, i, æ, a,	o, i, a, e.
Espagnol.	*Portugais.*	*Anglais.*
Do, da, dos, das;	do, da, dos, das,	ed (*invariable*).

Les Latins, les Italiens, les Espagnols et les Portugais ont un ablatif absolu, au moyen duquel ils n'expriment point notre participe.

Ayant fait cela : latin, *hoc peracto;* italien, *fatto questo;* espagnol, *hacido esto;* portugais, *feito isto.*

Les participes présens latins et portugais sont variables; mais les participes présens français, italiens, espagnols et anglais sont invariables.

Français :	un	homme	et	une	femme	craignant		dieu.
Latin :		homo	et		mulier	timentes		deum.
Portugais :	hum	homem	e	huma	mulher	tementes	a	deos.
Italien :	un'	uomo	ed	una	moglie	temendo		iddio.
Espagnol :	uno	hombre	y	una	muger	temendo	a	dios.
Anglais :	a	man	and	a	woman	fearing		god.

Le participe passé, précédé de l'auxiliaire *avoir*, ou de l'auxiliaire *être* signifiant *avoir*, comme il le signifie, quand il est précédé d'un des pronoms conjonctifs *me*, *te*, *se*, *nous*, *vous*, *se*.

QUAND *variable.*

Le participe est variable, lorsque le substantif, ou le pronom conjonctif qui précède ce participe, en est le régime direct et répond à l'une des questions : *qui?* pour les personnes, et *quoi?* pour les choses.

Les plans que *vous avez présentés*, on les *a* bien *accueillis.*

Madame, *nous vous avons vue.*

Messieurs, *nous vous avons rencontrés.*

Mesdemoiselles, *nous vous avons invitées* à notre concert.

Votre sœur *s'est laissée tomber*, et *elle s'est blessée.* A laissé *qui?* elle, tomber; elle a blessé *qui?* elle.

La jeune personne que *j'ai entendue* déclamer, pincer la harpe. J'ai entendu *qui?* la jeune personne déclamer, pincer la harpe.

Les femmes que *j'ai vues* entrer, sortir, passer, partir, aller. J'ai vu *qui?* les femmes entrer, sortir, passer, partir, aller.

QUAND *invariable.*

Le participe passé, précédé de l'auxiliaire *avoir*, ou de l'auxiliaire *être* signifiant *avoir*, est invariable, lorsque étant suivi d'un substantif, ou bien d'un verbe exprimé ou sous-entendu, ce substantif ou ce verbe en est le régime (*qui* ou *quoi?*).

Nous avons fait bien des démarches, *nous avons vu* bien des personnes; mais *nous n'avons* point *réussi.*

Votre nièce *s'est cassé* la jambe, et *s'est démis* la hanche. A cassé *quoi?* la jambe; a démis *quoi?* la hanche.

Vos tantes *se sont donné* la peine de venir inutilement. Ont donné *quoi?* la peine.

L'ariette que *j'ai entendu* chanter. J'ai entendu *quoi?* chanter l'ariette, *et non* l'ariette chanter.

Cette jeune personne *s'est laissé* tromper, séduire, entraîner. A laissé *quoi?* tromper, séduire, entraîner elle, *et non pas* elle tromper, séduire, entraîner.

Ces huîtres sont plus fraîches que *je ne l'avais cru*. Que je n'avais cru *quoi?* qu'elles étaient.

PARTICIPE PASSÉ (QUAND *toujours invariable*).

Le participe passé est toujours invariable, quand le verbe est impersonnel, ou quand il n'a point de régime.

Les chaleurs qu'*il a fait*.
La disette qu'*il y a eu*.
Les sommes que ce procès m'*a coûté*.
Les honneurs que mon habit m'*a valu*.
Les jours que *j'ai vécu*.
La nuit que *j'ai dormi*.

PARTICIPE PASSÉ, *précédé d'un des adverbes de quantité* trop *ou* peu.

QUAND *variable*.

Le participe passé, précédé d'un des adverbes de quantité *trop* ou *peu*, est variable, quand ces adverbes sont suivis d'un substantif pluriel.

Le *trop* ou le *peu* d'obstacles que *j'ai rencontrés*.
Le *trop* ou le *peu* de personnes que *j'ai vues*.

QUAND *invariable*.

Le participe passé est invariable, quand il est précédé de l'un de ces mêmes adverbes de quantité suivi d'un substantif singulier féminin.

Le *trop* ou le *peu* d'ardeur que *vous avez mis* dans cette affaire.

6° DE L'ADVERBE.

L'adverbe est un mot invariable qui se joint au verbe ou à l'adjectif, pour en exprimer les manières ou les circonstances.

Quand l'adjectif est terminé au masculin par une voyelle, on forme l'adverbe en ajoutant *ment* à la voyelle finale.

Vraiment, modérément, poliment, ingénument.

Quand l'adjectif est terminé au masculin par une consonne, l'adverbe se forme du féminin, en ajoutant *ment : libéralement, discrètement, nettement.*

Les adjectifs terminés par *ant* et par *ent*, changent *ant* en *amment*, *ent* en *emment.*

Vigilant, vigilamment ; prudent, prudemment : prononcez *amant.*

Il y a six sortes d'adverbes :

1° Les adverbes de temps : *hier, aujourd'hui*, etc.

2° Les adverbes d'ordre et de rang : *avant, après*, etc.

3° Les adverbes de lieu : *ici, où, là, près*, etc.

4° Les adverbes de quantité : *peu, beaucoup*, etc.

5° Les adverbes de comparaison : *aussi, plus, davantage, moins*, etc.

6° Les adverbes de qualité ou de manière : *grandement, poliment*, etc.

ADVERBES LATINS.

Dans la seconde déclinaison, ils sont formés du cas génitif *i*, en changeant *i* en *è grave.*

Doctus, docti, savant ; *doctè*, savamment.

Dans la troisième déclinaison, ils sont formés du cas génitif *is*, en changeant *is* en *iter.*

Fortis, is, courageux ; *fortiter*, courageusement.

Dans les adjectifs terminés par *ans, antis, ens, entis*, l'adverbe se forme en changeant les désinences *ans* et *ens* en *anter* et en *enter.*

Constans, constant; *constanter*, constamment: *sapiens*, sage; *sapienter*, sagement.

ADVERBES ITALIENS, ESPAGNOLS ET PORTUGAIS.

Dans ces trois langues, ils sont formés de l'adjectif, en changeant *o* en *amente*: *glorioso*, glorieux; *gloriosamente*, glorieusement.

Dans les adjectifs terminés par *le* ou par *re*, on forme l'adverbe, en supprimant la voyelle *e*, et en ajoutant *mente* aux désinences *l*, *r*: *utile*, utile; *utilmente*, utilement; *regolare*, régulier; *regolarmente*, régulièrement.

ADVERBES ANGLAIS.

Ils se forment en ajoutant *ly* à la désinence de l'adjectif: *wise*, sage; *wisely*, sagement.

7° DE LA PRÉPOSITION.

La préposition est un mot invariable qui se place avant le nom ou le pronom qu'elle régit, et marque les différens rapports que les choses ont entre elles :

En, *dans*, *chez*, *sur*, *près de*, *derrière*, *devant*, *après*, *pour*, *entre*, etc.

RÉGIMES DES PRÉPOSITIONS LATINES.

Trente prépositions régissent l'accusatif :

Ad, à, au, chez, vers, auprès, pour.

Adversùm ou *adversùs*, contre, vis-à-vis, envers.

Antè, devant, avant.

Apud, auprès, chez.

Circà, auprès, environ, vers, aux environs.

Circiter, environ, vers, sur, à peu près.

Circùm, autour.

Cis, *citrà*, deçà, en deçà, au deçà.
Contrà, contre, vis-à-vis, à l'opposite.
Ergà, envers, à l'égard de, pour.
Extrà, hors, outre, excepté.
Infrà, sous, au-dessous.
Inter, entre, parmi, au milieu de : cette préposition se met bien après son régime, surtout si elle peut être entre deux accusatifs :

Quid discriminis patrem inter et matrem? quelle différence entre le père et la mère?

Intrà, dans, au dedans, dans l'espace de.
Juxtà, auprès, proche, selon.
Ob, pour, devant, à cause de.
Penès, au pouvoir de, en la puissance de.
Per, par, durant, au travers de, pendant.
Ponè, après, derrière, par derrière.
Post, après, depuis, derrière.
Præter, excepté, hormis, outre.
Propè, proche, près de, auprès de.
Propter, pour, à cause de.
Secundùm, selon, suivant, auprès de, le long de.
Secùs, auprès de, le long de.
Trans, au-delà, par-delà.
Versùs, vers, du côté de : cette préposition se met après son régime :

Ad Alpes versùs, vers les Alpes.

Ultrà, au-delà, par-delà.
Usque, jusqu'à.

Les onze prépositions suivantes veulent l'ablatif :

A, *ab*, *abs*, de, du, par, depuis, de, chez; *à* se met avant les consonnes, et *ab* avant les voyelles.

Absque, sans.
Clàm, en cachette, à l'insu de.
Coràm, devant, en présence de.
Cum, avec.

Mettez toujours cette préposition après les pronoms

relatifs et interrogatifs : *quïcum* ou *quôcum* avec qui, *nobiscum*, avec nous, etc.

De, sur, de, touchant.
E ou *ex*, de, par, conformément à, selon.
Palàm, devant, en présence de plusieurs.
Præ, devant, au-dessus, en comparaison de.
Pro, pour, au lieu de, selon.
Sine, sans.

Les quatre prépositions suivantes veulent l'accusatif lorsqu'elles sont jointes à un verbe de mouvement, et l'ablatif lorsqu'elles sont jointes à un verbe de repos.

In, en, dedans, sur.
Sub, sous, au-dessous de.
Subter, sous, au-dessous de.
Super, *suprà*, sur, dessus, au-dessus de.

On trouve quelquefois l'accusatif après ces prépositions, et surtout après *in*, lorsqu'il n'y a pas de mouvement; comme on trouve aussi l'ablatif lorsque la phrase marque un mouvement.

Esse in magnum honorem, être en grand honneur ; *venit in senatu*, il vint au sénat.

PRÉPOSITIONS ITALIENNES.

Dans *ou* en, *in; dans* Paris, *in Parigi*; *en* France, *in Francia*.

Dans indiquant le temps, *frà;* dans huit jours, *frà otto giorni*.

Dans le, suivi d'un substantif masculin commençant par une consonne *nel;* dans les *nei*, mieux *ne';* dans le livre, *nel libro;* dans les livres, *nei* ou *ne' libri*.

Dans le, suivi d'un substantif masculin commençant par un *s* suivi d'une consonne, ou par une voyelle; *nello*, *nell';* plur., *negli*. Dans le spectacle, *nello spettacolo;* dans les spectacles, *negli spettacoli*. Dans l'honneur, *nell'onore;* dans les honneurs, *negli onori.*

Dans la, *nella;* dans les, *nelle;* dans la maison, *nella casa;* dans les maisons, *nelle case.*

Avec, *con*, suivi d'un pronom possessif et d'un nom de qualité ou de parenté au singulier : avec mon frère, *con mio fratello.* Au pluriel, il rentre dans la règle générale : avec mes frères, *coi* ou *co'miei fratelli*, etc.

Avec votre cousine, *con vostra cugina;* avec vos cousines, *colle vostre cugine*; avec l'étude, *collo studio;* avec les études, *cogli studj.*

Avec l'amour, *coll'amore;* avec les amours, *cogli amori.*

Avec la science, *colla scienza;* avec les sciences, *colle scienze.*

Entre le lit, *tral* ou *fral letto;* entre les lits, *trai, frai* ou *tra', fra' letti.*

Par le bois, *pel bosco;* par les bois, *pei* ou *pe' boschi.*

Sur le toit, *sul tetto;* sur les toits, *sui* ou *su' tetti*, etc.

Avec moi, *meco;* avec toi, *teco;* avec soi, *seco;* avec lui, *con lui;* avec elle, *con lei;* avec nous, *con noi;* avec vous, *con voi;* avec eux *ou* avec elles, *con loro.*

PRÉPOSITIONS QUI RÉGISSENT LE GÉNITIF.

Avant vous, *prima di voi.*

A cause de, *per rispetto di.*

A la manière de, comme le; *a modo del.*

A l'insu de, *di nascosto dei.*

Au bas de, sous le, *giù* ou *giuso del.*

Au devant, à la rencontre, à l'opposite de, *all'incontro del.*

Au pied, au bas de, *appié appiede del.*

Hors le, au dehors de, *fuora, fuori* ou *fuor del.*

Hormis, excepté le, *fuori del.*

PRÉPOSITIONS QUI RÉGISSENT LE DATIF.

A l'égard de, *inquanto al.*
A côté de, *accanto a.*
Autour de, *intorno al.*
Devant le, *dinanzi, innanzi al.*
Jusques à, jusqu'à, *sino, fino, infino al.*
Près, proche de, *presso vicino al.*
Vis-à-vis le, *dirempetto al.*

PRÉPOSITIONS QUI RÉGISSENT LE GÉNITIF ET L'ACCUSATIF.

Après le, *dopo del* ou *il.*
Contre le, *contro del* ou *il.*
Sur le, *sopra del* ou *il.*
Entre le, *fra* ou *tra del* ou *il.*
Envers *ou* vers le, *verso del* ou *il.*
Sous le, *sotto del* ou *il.*

PRÉPOSITIONS QUI RÉGISSENT LE DATIF OU L'ACCUSATIF.

Dedans le, *dentro al* ou *il.*
Dessous le, *sotto al* ou *il.*

PRÉPOSITIONS QUI RÉGISSENT LE GÉNITIF, LE DATIF OU L'ACCUSATIF.

Chez le, *presso, appresso del, al* ou *il.*
Grâce, par la grâce de, *mercè di, al* ou *il.*
Le long du, *lungo del* ou *il.*
Au-delà du, *di là del* ou *dal.*
Au milieu de, *in mezzo del* ou *al.*
Au-deçà du, *di quà del.*

PRÉPOSITIONS ESPAGNOLES.

Ante, avant, en présence; *sobre*, sur; *contra*, contre; *desde*, depuis; *por*, *para*, par, pour; *salvo*, *ex-*

cepto, sauf, excepté; *segun*, selon, suivant; *junta*, auprès; *hasta*, jusque; *sin*, sans; *con*, avec; *en*, dans *ou* en; *hácia*, vers; *cabo*, auprès; *tras*, derrière.

Avec moi, *con migo;* avec toi, *con tigo;* avec soi *ou* avec lui, *con sigo*, etc.; envers, à l'égard de, *para con;* à mon égard, *para con migo;* à son égard, *para con sigo.*

PRÉPOSITIONS PORTUGAISES.

Dans le, *em o* ou *no;* dans les, *em os* ou *nos.*

Dans le jardin, *em o jardim* ou *no jardim;* dans les jardins, *em os jardins* ou *nos jardins.*

Dans la, *em a* ou *na;* dans les, *em as* ou *nas.*

Dans la rue, *em a rua* ou *na rua;* dans les rues, *em as ruas* ou *nas ruas.*

Quand *dans* est suivi d'un pronom démonstratif, on change *m* en *n.*

Dans cet, *neste;* dans ces, *nestos;* dans cette, *nesta;* dans ces, *nestas.*

Avec le, *com o;* avec les, *com os; co, cos*, en poésie.

Avec le prince, *com o principe;* avec les princes, *com os principes.*

Avec la, *com a;* avec les, *com as; coa, coas*, en poésie.

Avec l'épée, *com a espada;* avec les épées, *com as espadas.*

Par le, *por o* ou *pelo;* par les, *por os* ou *pelos;* par la, *por a* ou *pela;* par les, *por as* ou *pelas.*

Par le royaume, *por o* ou *pelo reino;* par les royaumes, *por os* ou *pelos reinos.*

Par la province, *por a* ou *pela provincia;* par les provinces, *por as* ou *pelas provincias.*

Avec moi, *com migo;* avec toi, *com tigo;* avec elle, avec eux, avec elles, *com sigo* (ayant rapport au nominatif du verbe); et *par com elle, com elles, com ella, com ellas* (n'y ayant point rapport).

Para, pour, joint à un verbe, signifie *être sur le point de*, *être près de; desde*, depuis; *a té agora*, jusqu'à présent, jusqu'ici; *por cima*, au-dessus de; *em cima*, sur, dessus, outre; *de cima*, de dessus; *de baixo*, sous, dessous, etc.

PRÉPOSITIONS ANGLAISES QUI RÉGISSENT L'ACCUSATIF.

As for, quant à.

At, chez, à, quand le verbe exprime le repos; *to*, quand le verbe exprime le mouvement.

Il dîne chez sa sœur, *he dines at his sister's.*

Je dîne à l'auberge, *I dine at the inn.*

Je vais chez vous, *I am going to your house.*

J'irai demain à Paris, *I shall go to morrow to Paris.*

About, environ, concernant, autour de.

Above, au-dessus de, par-dessus de.

Along, le long de.

Below, au-dessous de.

Before, devant, au-devant de.

Considering, attendu.

Excepting, à l'exclusion de, à la réserve de.

In, dans, en.

Near, près de, proche de.

Over against, vis-à-vis de.

Through, à travers le, au travers de.

Twards, vers, envers, à l'égard de.

Under, sous, dessous, à moins de.

PRÉPOSITIONS QUI RÉGISSENT LE GÉNITIF.

In spite of, malgré, en dépit de.

Out of, hors, hors de, par.

Instead of, au lieu de.

For want of, faute de.

Because of, à cause de.

By means of, à la faveur de.

PRÉPOSITIONS QUI RÉGISSENT LE DATIF.

Opposite to, vis-à-vis de.
According to, suivant, selon.
As to, à l'égard de.

PRÉPOSITIONS QUI RÉGISSENT L'ABLATIF.

Secure from, à l'abri de.
Far from, loin de.
Sheltered from, à couvert de.

Les six prépositions suivantes régissent le participe actif.

After, après; *by*, par; *for*, pour; *from*, de, par; *of*, de; *without*, sans. Après avoir, *after having*, etc.

8° DE LA CONJONCTION.

Elle est dérivée du mot latin *conjungere*, joindre ensemble; elle sert à lier les différentes parties du discours.

Afin, *ainsi*, *car*, *comme*, *mais*, *ni*, *or*, *donc*, *quand*, *lorsque*, etc.

CONJONCTIONS QUI RÉGISSENT LES TEMPS DU SUBJONCTIF.

Afin que, *à moins que*, *avant que*, *au cas que*, *en cas que*, *malgré que*, *bien que*, *encore que*, *quoique*, *de crainte que*, *de peur que*, *jusqu'à ce que*, *posé que*, *supposé que*, *pour que*, *pourvu que*, *sans que*, *soit que*.

Les conjonctions suivantes régissent l'indicatif quand on veut affirmer; le subjonctif, quand le verbe est employé d'une manière qui tient de l'admiration, de la volonté, du doute ou du souhait :

Sinon que, *si ce n'est que*, *de sorte que*, *en sorte que*, *tellement que*, *de manière que*.

Comportez-vous *de telle sorte* ou *de telle manière*, que vous vous conciliiez l'estime des gens de bien.

Cet homme s'est comporté *de telle sorte* ou *de telle manière*, qu'il s'est concilié l'estime des gens de bien, etc.

CONJONCTIONS LATINES.

Et, ac, atque, que, et. *Que* se met après un mot.

Prætereà, outre cela; *non modò, sed etiam, non solùm, verùm etiam*, non-seulement, mais encore; *aut, ve, vel*, ou, ou bien. *Ve* ne se met qu'après un mot. *Quòd, quia, propterea quod, quoniam*, parce que; *sive, seu*, soit que, etc.

Les dictionnaires marquent exactement les conjonctions qui régissent l'indicatif ou le subjonctif. Voici quelques conjonctions qui méritent une attention particulière :

Cùm signifiant *puisque*, veut toujours le subjoncti f: puisque vous voulez, *cùm velis.*

Lorsque, *cùm*, ne veut le subjonctif qu'avant l'imparfait et le plusque-parfait. Lorsque je disais, *cùm dicerem;* lorsque j'avais dit, *cùm dixissem.*

Si, si; *nisi*, si ne, régissent le subjonctif avec l'imparfait et le plusque-parfait, à moins qu'ils ne puissent se tourner par *lorsque.*

Si vous veniez, *si venires ; si* vous fussiez venu *ou* venue, *si venisses.*

Si vous ne preniez, *nisi caperes ; si* vous n'aviez pris, *nisi cepisses.*

Si j'ai travaillé, j'en ai le fruit; *operæ si incubui, fructum capio.*

Afin que s'exprime par *ut*, et par *quò* quand il y a un comparatif après. *Afin que* vous croyiez, *ut credas ;* étudiez, *afin que* vous puissiez devenir plus savant; *stude, quò doctior fieri possis.*

Ne, négation, se met au lieu de *non* avant l'impératif : *ne* vous tourmentez pas, *ne crucia te.*

Dùm signifiant *pourvu que, jusqu'à ce que*, se construit avec le subjonctif. J'ai compté pour rien mes périls, *pourvu que* j'écartasse de ma patrie toute espèce de crainte; *mea pericula neglexi, dùm timorem à patriâ propulsarem.*

Dùm signifiant *tandis que, lorsque*, ne se construit avec le subjonctif qu'avant l'imparfait. Il fallait le faire *tandis que* vous le pouviez; *id agere deberes, dùm posses.*

Ut signifiant *après que, aussitôt que, comme*, est toujours suivi de l'indicatif: *aussitôt qu'*il fut entré, nous nous mîmes à table; *ille ut ingressus est, mensæ accubuimus.*

CONJONCTIONS ITALIENNES.

Benchè, quantunque, quoique; *acciò che, affinchè*, afin que; *purchè*, pourvu que; *lungi da*, bien loin de; *tanto maggiormente, tanto più*, d'autant plus; *subito che*, dès que; *in quanto*, autant que; *di maniera che*, ou *di modo che*, de sorte que; *neppur io, nè anch'io, nè men'io*, ni moi non plus; *o*, ou; *ovvero*, ou bien; *poichè, giacchè*, puisque; *quando anche*, quand même; *o*, ou, soit.

Si, conditionnel, régit l'imparfait du subjonctif: *si je pouvais*, je vous rendrais service; *se io potessi, vi renderei servizio.*

Après *si* on se sert du futur, quand on parle d'une action à venir.

Si votre ami *vient nous voir*, nous le recevrons bien; *se il vostro amico verrà a vederci, lo riceveremo bene.*

Quand le pronom *quale*, quel, est avant un verbe, et qu'on ne parle pas d'une manière interrogative, on met le verbe qui le suit au subjonctif; mais quand il y a interrogation, on le met à l'indicatif.

Je ne sais pas *quelle est* votre intention, *non so quale sia la vostra intenzione. Quel est* votre intérêt? *qual è il vostro interesse?*

Quand cela serait, quand cela arriverait? se rend par *quandò ciò fosse*, *quandò ciò accadesse?*

CONJONCTIONS ESPAGNOLES.

Mas, *pero*, mais; *quando*, quand; *aunque*, quoique; *como*, comme, selon que, afin que, pourvu que, ensorte que, comment; *supuesto que*, supposé que; *para que*, pour que, etc.

Si, conditionnel, régit l'imparfait du subjonctif: si je donnais, *si yo diese*.

CONJONCTIONS PORTUGAISES.

Mas, mais; *contudo*, cependant; *porque*, parce que, pourquoi; *dado caso que*, supposé que, pourvu que; *como*, comment; *tanto assim*, de sorte que; *assim como*, de même que, tout ainsi que; *nao porque*, non pas que; *tambem*, aussi, pareillement, etc.

9° DE

L'interjection est un mot invariable dont on se sert par la joie, par la douleur, par la crainte ou par la

Français.	*Latin.*	*Italien.*
Ah!	ah!	ah! ahi!
Eh!	heu!	deh!
Oh!	oh!	oh!
Courage!	age!	animo, su su!
Allons!	eia!	sù via!

Si, conditionnel, régit l'imparfait du subjonctif : si j'aimais, *se eu amasse.*

Ainda que, quand bien même, régit l'imparfait du subjonctif, au lieu du conditionnel présent comme en français.

Quand bien même il le voudrait, *ainda quel elle quizesse.*

CONJONCTIONS ANGLAISES.

So that, de sorte que; *in proportion as*, à mesure que ; *as if*, *as tho'*, comme si; *as long as*, tant que; *how comes it to pass*, d'où vient que; *in order to*, pour; *in order that*, afin que; *not but*, non pas que; *on condition that*, à condition que; *for fear that*, *lest*, de peur que, de crainte que; *for all that*, malgré que, etc.

When, quand, lorsque, régit le présent de l'indicatif, au lieu du futur : *quand* ou *lorsque* vous viendrez, *when you come.*

L'INTERJECTION.

pour exprimer les divers mouvemens de l'âme causés surprise.

Espagnol.	*Portugais.*	*Anglais.*
ay !	ah !	ah !
ah ! ay !	eh !	alas !
o !	oh !	ho !
animo !	animo !	cheer up !
animo !	ora vamos !	come on !

DE LA PONCTUATION.

La ponctuation est la manière de marquer, dans l'écriture et dans l'impression, les endroits d'un discours où l'on doit s'arrêter, pour en distinguer plus facilement les parties, ou pour reprendre haleine.

On se sert de sept marques pour distinguer les différentes parties du discours :

La virgule (,), le point (.), le point avec la virgule (;), les deux points (:), le point interrogatif (?), le point admiratif (!), les points suspensifs (.....).

La virgule (,) sert à distinguer les substantifs, les adjectifs, les verbes et les adverbes qui ne se modifient point l'un l'autre :

Amélie, Adélaïde, Victoire, sont jolies, aimables, vertueuses, bienfaisantes.

Boire, manger, dormir, jouer, se promener, aller au spectacle, sont les occupations les plus ordinaires des gens oisifs et des personnes fortunées.

Un discours doit être prononcé clairement, distinctement, noblement, vivement.

La virgule sert encore à distinguer les différentes parties d'une phrase ou d'une période; elle se met aussi après les expressions qui marquent quelque circonstance :

L'étude du cabinet rend savant, et la réflexion rend sage.

L'homme doit discerner, s'il veut se rendre heureux,
Du plaisir innocent, le plaisir dangereux.

Du Resnel.

On ne met point de virgule avant *et*, *ni*, *ou*, *comme*, quand ces conjonctions servent à unir des mots simples, et peu éloignés les uns des autres :

L'équité et la charité doivent être les deux grandes règles de la conduite des hommes.

Ni l'or ni la grandeur ne nous rendent heureux.

LA FONTAINE.

Dites-moi si ce sera votre sœur ou moi qui paiera.

Le point avec la virgule (;) se met à la fin d'une phrase finie, mais suivie d'une autre qui sert à l'étendre et à l'éclaircir :

Il faut, autant qu'on peut, obliger tout le monde;
On a souvent besoin d'un plus petit que soi.

Les deux points (:) se mettent quand on annonce un fait, un discours ou une citation :

Que notre piété soit sincère et solide ;
Ne faisons point un art de la dévotion;
Mais qu'à ses mouvemens la prudence préside :
Chacun doit être saint dans sa condition.

Il ne se faut jamais moquer des misérables :
Car qui peut s'assurer d'être toujours heureux ?

On a dit de La Mothe :

Il voulait rire comme La Fontaine; mais il n'avait pas la bouche faite comme lui, et il faisait la grimace.

Le point (.) se met à la fin des phrases et des périodes :

On est blâmable, quand on conserve son argent sans vouloir jamais en faire un bon usage; et c'est là ce qui s'appelle avarice.

On est louable, quand on ne le conserve dans un temps que pour s'en servir à propos dans un autre; et c'est là ce qui s'appelle économie.

Celui qui met un frein à la fureur des flots,
Sait aussi des méchans arrêter les complots.

Le point interrogatif (?) se met dans les phrases qui expriment une interrogation :

N'as-tu besoin d'aucune chose?
D'aucun de tes amis la bourse ne t'est close;
Sait-on que tu veux emprunter?
Pas un de tes amis n'a moyen de prêter.

Le point admiratif (!) se met dans les phrases qui expriment une admiration ou une exclamation :

Que je serai amplement dédommagé de mes recherches et de mes veilles, si ce faible essai peut obtenir les suffrages du public!

Qu'un ami véritable est une douce chose!
La Fontaine.

Les points suspensifs (.....) servent à distinguer les morceaux dont l'intérêt exige une longue suspension :

Cours chez elle à l'instant; va, vole, Corasmin :
Montre-lui cet écrit... Qu'elle tremble! et soudain
De cent coups de poignard que l'infidèle meure.
Mais avant de frapper.... Ah! cher ami, demeure,
Demeure; il n'est pas temps : je veux que ce chrétien,
Devant elle amené.... Non.... Je ne veux plus rien.
Je me meurs.... Je succombe à l'excès de ma rage.
Voltaire.

FIN.

TABLE

DES MATIÈRES.

FIN.

www.ingramcontent.com/pod-product-compliance
Ingram Content Group UK Ltd.
Pitfield, Milton Keynes, MK11 3LW, UK
UKHW021235230726
13926UKWH00003B/1453

9 782014 101805